吉林省社会科学基金项目"吉林省网络舆情语言状况及策略研究"（编号:2

社会语言学

理论与应用发展研究

秦晶●著

经济管理出版社
ECONOMY & MANAGEMENT PUBLISHING HOUSE

图书在版编目（CIP）数据

社会语言学理论与应用发展研究 / 秦晶著. -- 北京：
经济管理出版社，2025. -- ISBN 978-7-5243-0263-6

Ⅰ. H0

中国国家版本馆 CIP 数据核字第 2025NJ9803 号

组稿编辑：张馨予
责任编辑：张馨予
责任印制：许　艳
责任校对：王淑卿

出版发行：经济管理出版社
　　　　　（北京市海淀区北蜂窝 8 号中雅大厦 A 座 11 层　100038）
网　　址：www. E-mp. com. cn
电　　话：（010）51915602
印　　刷：北京晨旭印刷厂
经　　销：新华书店
开　　本：720mm×1000mm/16
印　　张：12.75
字　　数：182 千字
版　　次：2025 年 6 月第 1 版　　2025 年 6 月第 1 次印刷
书　　号：ISBN 978-7-5243-0263-6
定　　价：98.00 元

目　录

第一章　社会语言学的兴起

社会语言学作为语言学的一个分支学科，自 20 世纪 60 年代在美国兴起以来，已经发展成为一门具有深厚学术底蕴和广泛应用领域的交叉学科。它不仅关注语言的结构与功能，还强调语言与社会之间的相互关系与相互影响。

第一节　社会语言学的诞生

一、社会语言学产生的背景

社会语言学作为一门新兴的交叉学科，其产生背景复杂而深远，涉及历史变迁、社会变革、科技发展及学科自身的发展需求等多个层面。

（一）历史背景

社会语言学的确立与发展并非一蹴而就，而是长时期的学术成果积累和历史发展的结果。其历史背景可追溯至 19 世纪末至 20 世纪 60 年代，这一时期社会变革频繁、政治形势多变、社会关系复杂，以及人口的迁移等多方面因素都与具体的语言政策紧密相关。作为各民族不可或缺的交流工具，语言在政治、文化、心理、社会等方面的重要性日益显著，逐渐引起了语言学家的关注。

在这一历史背景下，学者们开始意识到语言并非孤立存在，而是与社会环境紧密相关。语言不仅是交流的工具，更是社会文化的载体，它反映了社会的价值观、权力关系及社会结构等深层次问题。因此，研究语言与社会的关系，探讨语言如何受社会因素影响并反作用于社会，成为语言学研究的新方向。

（二）社会背景

社会语言学的产生与发展，与社会背景的深刻变化密不可分。首先，全球范围内的人口大流动使得语言问题更加复杂。随着全球化进程的加速，跨国界的人口迁移已成为常态，双语、多语现象也日益普遍。这种语言使用的多样性不仅挑战了传统的语言观，还为社会语言学的研究提供了丰富的素材和广阔的空间。

其次，社会变革对语言研究提出了新要求。20世纪60年代，随着民权运动等社会运动的兴起，人们对语言中的性别差异、社会阶层差异等问题有了更加深入的认识。这些社会运动促使学者们开始关注语言中的不平等现象，探讨语言如何成为社会权力关系的再现。

（三）科技背景

科学技术的发展为社会语言学的产生提供了重要支撑。一方面，随着计算机技术、信息技术等高科技手段的出现和应用，语言数据的收集、处理和分析更加便捷和高效。这使得社会语言学家能够利用大规模的语言数据进行实证研究，揭示语言与社会现象的内在联系和规律。

另一方面，相关学科的发展也为社会语言学的研究提供了理论和方法上的支持。例如，社会学、人类学、心理学等学科的研究方法和理论成果被广泛应用于社会语言学的研究中，丰富了社会语言学的研究视角和理论框架。这种跨学科的研究方法不仅拓宽了社会语言学的研究领域，还提高了其研究的深度和广度。

（四）学科自身发展需求

社会语言学的诞生与发展也是语言学自身发展的必然结果。传统语言学主要关注语言的内部结构和规则，如语法、词汇、音系等方面，而对语言与社会关系的关注不足。随着语言学研究的深入和发展，学者们逐渐意识到语言与社会的紧密联系及语言在社会中的重要作用。因此，研究语言与社会的关系成为语言学研究的新方向和新领域。

社会语言学的兴起正是顺应了这一发展趋势。它运用语言学和社会学等学科理论和方法，从不同的社会科学角度研究语言的社会本质和差异。通过揭示语言与社会现象的内在联系和规律，社会语言学不仅丰富了语言学的理论体系和研究内容，还为解决现实社会问题提供了有益的启示和参考。

二、社会语言学的起源

瑞士语言学家索绪尔（Saussure）被誉为"现代语言学之父"，他提出语言是一种社会现象，并区分了"语言"（Langue）和"言语"（Parole）的概念。索绪尔认为，社会语言学的研究应关注语言的当代使用偏好及其与社会的关系。尽管他当时并未明确提出"社会语言学"这一术语，但他的思想为社会语言学的兴起奠定了理论基础。索绪尔把语言分成了两种类型，一种是人们日常生活中研究的语言系统或总结语言的使用，如语法、句法、词法等；另一种便是言语，即社会语言学，如语言在当代的使用偏好、与当今社会相关联的研究方向等。

美国语言学家布莱特（Bright）在1966年将第一次社会语言学会议的论文汇集成册出版，这是最早的社会语言学论文集。布莱特认为社会语言学是研究语言变异的学科，其研究内容涉及说话者的社会身份、会话场景、社会方言的历时与共时研究等多个方面。他的工作为社会语言学的系统化研究提供了重要支持。

20 世纪 50 年代，美国语言学家乔姆斯基（Chomsky）提出的转换生成语法对结构主义语言学产生了重大冲击。他强调语言能力和语法规则的重要性，虽然他的研究更多关注语言形式而非社会功能，但他的理论激发了人们对语言变异和社会因素的兴趣，间接推动了社会语言学的发展。海姆斯（Hymes）针对乔姆斯基的"语言能力"概念提出了"交际能力"的概念。他认为，语言能力只是交际能力的一部分，交际能力还包括对语言使用场合、目的、方式等的理解和运用。海姆斯的观点强调了社会语言学的跨学科性和实际应用价值，为社会语言学的研究指明了方向。

第二节　社会语言学的发展

一、国外社会语言学的发展历程

社会语言学的兴起并非偶然，而是多种因素共同作用的结果。首先，从语言学内部来看，20 世纪上半叶，占统治地位的结构主义语言学和转换生成语法主要关注语言形式的分类、分布和语言的共性特征，对语言的社会功能、语言的差别和变异关注不足。这种语言和语言学研究的片面性促使学者们开始探索语言在社会环境中的真实使用情况。

其次，从历史和社会的角度看，第二次世界大战后，亚非新兴国家的语言规划，欧美国家由移民或其他历史原因造成的双语或多语混杂现象，以及社会失业人数剧增、种族矛盾加剧、人口流动频繁等社会问题，使得语言问题更加复杂。如何协调各种语言和语言变体，促进交际而不是制造矛盾和冲突，成为迫切需要研究和解决的问题。

最后，20 世纪社会科学研究方法上的进步，如抽样调查和统计学的广泛应用，为社会语言学的发展创造了物质条件。社会语言学开始采用定量研究的方法来探索社会变量和语言变量之间的共变关系。

（一）早期发展

关于"社会语言学"一词的首次使用，学术界存在不同的看法。有观点认为美国学者丘里（Currie）在 1952 年首次使用了"社会语言学"这一术语，但这一观点还有待商榷。实际上，法国学者多扎、苏联学者拉林和波利瓦诺夫，以及英国学者弗思和法国学者柯恩等，已经使用过类似的术语。

20 世纪 50 年代，社会学家与语言学家的研究工作在英国、美国蓬勃发展。丘里（Currie）、拉波夫（Labov）、海姆斯（Hymes）及费希曼（Fish-man）等学者都对社会语言学这门年轻的边缘学科的研究做出了杰出贡献。这一时期，一部分学者关注的是语言的社会因素即微观社会语言学，另一部分学者关注的是社会的特征即宏观社会语言学，这也是社会语言学（Socia-linguistics）与语言社会学（Sociology of Language）的来历。

（二）重要里程碑

社会语言学真正成为一个独立学科的标志是 1964 年在美国加利福尼亚大学召开的第一次社会语言学会议，这次会议为其后续发展奠定了基础。1966年，布莱特将此次会议论文汇集成册出版，这是最早的社会语言学论文集。

（三）分期

1. 萌芽与初创期（20 世纪初期至中叶）

20 世纪初期至中叶，随着社会学的兴起和语言学研究领域的拓展，一些学者开始关注语言与社会之间的关系，社会语言学作为一门新兴学科的雏形逐渐形成。这一时期的社会语言学研究主要侧重于语言的社会功能、语言变异与社会因素的关系等方面。

这一时期拉波夫尚未成为社会语言学的领军人物，但他的早期研究已经显示出其对社会语言学的浓厚兴趣。他后来提出的言语社区理论等对社会语言学的发展产生了深远影响。

2. 形成与发展期（20世纪50~70年代）

随着第二次世界大战后社会科学的快速发展和学科交叉的增多，社会语言学逐渐形成了独立的学科体系。这一时期的社会语言学研究在理论建构、方法论探索和应用领域拓展等方面取得了显著成就。

拉波夫在这一时期发表了多篇关于语言变异与社会因素的实证研究论文，如《纽约市英语的社会分化》（1966）等。拉波夫提出的言语社区理论成为社会语言学研究的基本单位之一，强调语言变异与社会结构之间的紧密联系。他的著作《社会语言学模式》（1972）系统总结了这一时期的社会语言学研究成果和方法论原则。

海姆斯是社会语言学的一位重要奠基人，他提出了"交际能力"理论，强调语言使用者不仅需要掌握语言形式规则，还需要具备在不同社会语境中得体使用语言的能力。这一理论对社会语言学的功能研究产生了深远影响。他的著作《论交际能力》（1971）详细阐述了他的观点和方法论原则。

费希曼是社会语言学的一位重要学者，他在语言规划、语言政策、语言濒危与保护等方面作出了突出贡献。他提出的"语言规划框架"为社会语言学在这些领域的应用提供了理论支撑。

3. 理论深化与多元化期（20世纪70~90年代）

20世纪70年代以后，社会语言学研究在理论建构和方法论探索方面进一步深化和多元化。学者们开始关注更广泛的社会语言现象和问题，如语言接触与演变、语言与身份认同、语言与权力关系等。同时，跨学科合作和比较研究也成为这一时期的重要特点。

甘柏兹（Gumperz）是互动社会语言学的奠基人之一，他关注语言在互动交际中的使用和功能。他提出的"会话分析"方法为社会语言学中的语言互动研究提供了有力工具。他的著作《会话策略》（1982）是其学术思想的重要体现，他指出人们在交谈时，一方面需要利用知识来理解对方的言语和举止；另一方面自己也要提供必要的语言信号来提示对方启用有关的交际知识，以便其正确地理解自己的意思。会话时对这些交际知识的积极使用就是"会话策略"。

特鲁吉尔（Trudgill）是社会方言学的代表人物之一，他深入研究语言变异与社会因素之间的关系。他的著作《社会语言学：语言与社会导论》（1983）系统论证语言与社会、社会阶级、种族、性别、语境、社会交往、民族及地理等的关系。他认为语言与社会结构和社会的价值系统紧密联系，社会背景和地理背景的不同导致使用不同的语言和言谈方式；论述了社会方言和地区方言的各种变体，涉及语言的性别变体问题，以及因交际环境不同而产生的语域问题；对语言教育、语言政策和语言规划等问题也进行了探讨。

费尔克拉夫（Fairclough）是批评话语分析的代表人物之一，他将社会语言学与批判理论相结合，分析话语背后的社会权力和意识形态关系。他的著作《语言与权力》（1989）是批评话语分析领域的重要文献。在这本书中，他认为，语言的使用深深地植根于权力关系之中，不仅能够被用来向他人施加权力和影响，还能够再现主流意识形态和话语，塑造社会现实。语言的使用可以是一种维护自己主体性和挑战他人客观化目光的方式，也可以用来强化主导意识形态和话语体系。

4. 全球化与数字化时代（20 世纪 90 年代至今）

随着全球化的加速发展和数字化技术的广泛应用，社会语言学研究也进入了新的发展阶段。全球化背景下的语言问题，如语言濒危与多样性保护、多语现象与语言政策等成为社会语言学研究的重要议题。同时，数字化技术如语料库语言学、计算社会语言学等新兴领域的兴起为社会语言学研究提供了新的手段和方法。

Susan Gal 关注语言与性别、种族等社会因素之间的关系，她的研究揭示了语言使用中的性别差异和种族偏见等问题。她的著作《语言与权力：性别、种族与阶级》是社会语言学中性别与语言研究领域的重要文献之一。

Penelope Eckert 是社会语言学中青少年语言变异研究的代表人物之一，她关注青少年语言使用中的社会身份认同和群体归属感等问题。她的著作是青少年语言研究领域的重要文献。

Silverstein 将语言视为社会文化的镜像和载体，他强调了语言在社会文化传承和变迁中的重要作用。他的研究关注语言与物质文化、社会行为等方面的关系，为社会语言学中的语言与文化研究提供了新的视角和方法论原则。

在数字化技术方面，许多学者开始利用语料库进行大规模的语言数据分析和社会行为预测。例如，语料库语言学家利用大型文本数据库分析语言使用的规律和趋势；计算社会语言学家则结合计算机技术和语言学理论进行自动化的语言处理和社会行为分析。这些新兴领域的发展为社会语言学研究提供了新的手段和方法论原则。

二、中国社会语言学的发展历程

中国社会语言学的起源与发展是一个充满挑战和机遇的过程。经过几十年的努力和探索，中国学者已经在这一领域取得了显著的成就和进展。他们通过深入研究语言与社会的关系问题，揭示了语言在社会生活中的重要作用和影响，为政府和社会提供了有益的参考和建议。未来，随着中国社会的不断发展和变革，中国社会语言学的研究也将继续深入下去，并为更深入地理解语言与社会的关系提供新的视角和方法。

（一）萌芽阶段（20世纪初至70年代）

1. 背景

中国社会语言学的起源可以追溯到20世纪初期，但真正意义上的发展则始于20世纪70年代末至80年代初。在这一时期，中国正经历着深刻的社会变革，改革开放的春风吹遍大地，人们的思想观念、生活方式都发生了巨大的变化。这种变化也反映在语言上，语言的使用、变异、规范等问题成为社会关注的热点。

同时，随着国际交流的增多，中国学者开始接触到国际社会语言学的理论和方法，逐渐认识到语言研究不能脱离社会、文化等背景因素。因此，探索语言与社会的关系成为当时学术界的迫切需求。

2. 早期探索

在中国社会语言学的萌芽阶段，一些学者已经开始关注语言与社会的关系。例如，罗常培在《语言与文化》（2011）一书中，就把语言研究与文化学结合起来，探讨了语言与文化之间的紧密联系。他通过对云南少数民族亲属称谓的研究，揭示了语言与婚姻制度之间的内在联系，为后来的社会语言学提供了有益的启示。

此外，还有一些学者在方言研究、语言规范等方面进行了有益的探索。这些研究虽然尚未形成系统的社会语言学理论，但为其后来的发展奠定了基础。

（二）初创阶段（1978~1987年）

1. 学科引入与本土化

20世纪70年代末至80年代初，随着中国改革开放的深入，国际社会语言学理论开始传入中国。这一时期，中国学者积极引进和翻译国外社会语言学的经典著作和研究成果，如英国语言学家特鲁吉尔的《社会语言学：语言与社会导论》等。这些著作的引入，为中国学者提供了全新的视角和方法论基础，促使他们开始尝试将社会语言学理论与中国实际相结合，进行本土化探索。

2. 标志性事件与学者贡献

1980 年，陈原的《语言与社会生活——社会语言学札记》出版，这是国内第一本系统介绍社会语言学理论的著作。陈原在书中强调了语言与社会生活的紧密联系，提出了"语言是一种社会现象"的观点，为中国社会语言学的发展奠定了基础。1983 年，他又出版了《社会语言学》，该书是我国第一部社会语言学专著，这部著作系统介绍了社会语言学的基本理论、方法论基础和研究领域，标志着中国社会语言学的正式诞生。

此外，陈松岑的《社会语言学导论》、游汝杰和周振鹤的《方言与中国文化》等著作也相继问世，为中国社会语言学的发展提供了有力的支持。这些学者在研究中注重结合中国实际，探讨了语言变异、语言政策、方言与文化等问题，为中国社会语言学的本土化探索做出了重要贡献。

3. 研究内容与方向

在初创阶段，中国社会语言学的研究内容主要集中在以下三个方面：

一是语言变异与语言变体。学者们对方言和方言变体的调查和分析进行了深入研究，探讨了方言的形成、发展及其与社会文化的关系。这些研究不仅丰富了社会语言学的知识体系，还为方言的保护和传承提供了有益的参考。

二是语言与社会身份认同。学者们关注语言在社会身份认同中的作用，探讨了语言如何成为区分不同社会群体、构建社会身份的重要工具。这些研究有助于人们更深入地理解语言与社会的关系，也为解决社会问题提供了新的视角。

三是语言政策与规划。学者们关注语言政策的制定与实施对社会发展的影响，探讨了如何制定合理的语言政策以促进社会的和谐与发展。这些研究为政府制定语言政策提供了有益的参考，也推动了语言规划的实践。

（三）中国社会语言学的迅速发展阶段（1987~1993 年）

1. 学科热潮与学术会议

1987 年 12 月，中国社会科学院语言文字应用研究所在北京举办了首届社会语言学讨论会。这次会议展示了 20 世纪 70 年代以来中国社会语言学的研究现状和水平，标志着中国社会语言学进入了一个新的阶段。会议期间，学者们就社会语言学的理论、方法、应用领域等问题进行了深入的探讨和交流，推动了中国社会语言学研究的深入发展。

此后，一系列社会语言学研讨会相继召开，如 1988 年的"双语·双方言"讨论会、1990 年的首届应用语言学讨论会等。这些会议不仅促进了学术交流与合作，还推动了中国社会语言学研究的广泛开展。

2. 研究成果与著作出版

在这一阶段，中国社会语言学研究成果丰硕。张清常的《胡同及其他：社会语言学的探索》（1990）、高天如的《中国现代语言计划的理论和实践》（1993）等著作相继问世。这些著作在研究中注重结合中国实际，探讨了语言与社会、文化、历史等多方面的关系，为中国社会语言学的发展注入了新的活力。

此外，大量关于社会语言学的译介、概论性著作和教材的出版，如祝畹瑾的《社会语言学概论》（1992）、王得杏的《社会语言学导论》（1992）等，不仅丰富了社会语言学的知识体系，还为教学和科研提供了有力的支持。

3. 研究领域的拓展

随着研究的深入，中国社会语言学的研究领域不断拓展。除了继续关注语言变异、语言政策等方面外，还开始关注语言教育、语言与性别、语言与媒体等新兴领域。这些研究不仅拓宽了社会语言学的视野，还提高了其社会影响力和应用价值。

例如，在语言教育领域，学者们探讨了语言教育与社会发展的关系，提出了加强语言教育、提高国民语言素质的建议。这些研究为政府制定语言教育政策提供了有益的参考，也推动了语言教育的实践。

在语言与性别研究领域，学者们关注性别差异在语言使用中的表现及其对社会性别角色的影响。这些研究有助于更深入地理解性别与语言的关系，也为推动性别平等提供了有益的思考。

在语言与媒体研究领域，学者们探讨了媒体语言的特点、功能及其对社会文化的影响。这些研究有助于人们更好地理解媒体语言的作用，也为媒体从业者提供了有益的指导。

（四）中国社会语言学的稳定深入发展阶段（1993 年至今）

1. 学科反思与梳理

进入 20 世纪 90 年代中后期，中国社会语言学的研究热潮逐渐冷却下来。这一时期，学者们开始对社会语言学的研究成果进行反思和梳理。他们回顾了社会语言学的发展历程，总结了研究成果和经验教训，为未来的研究指明了方向。

高一虹（1993）就社会语言学的研究方法提出了很多宝贵意见。她认为，社会语言学研究应该注重实证研究和跨学科合作，以更深入地揭示语言与社会的关系。她的观点得到了广泛的认同，并推动了中国社会语言学研究的深入发展。

2. 紧密结合中国社会实际

在这一阶段，中国社会语言学的研究更加紧密地结合了中国社会实际。学者们关注中国社会的语言问题，如方言的保护与传承、语言政策的制定与实施、语言教育的改革与创新等。他们通过深入研究这些问题，提出了许多有价值的见解和建议，为政府和社会提供了有益的参考。

例如，在方言保护与传承方面，学者们探讨了方言的价值、现状及其保护措施。他们认为，方言是中华文化的重要组成部分，应该得到保护和传承。

他们提出了加强方言教育、推广方言文化等建议，为方言的保护和传承提供了有力的支持。

在语言政策制定与实施方面，学者们关注了语言政策对社会发展的影响。他们认为，合理的语言政策可以促进社会的和谐与发展，而不合理的语言政策则可能导致社会矛盾和冲突。因此，他们提出了制定科学合理的语言政策、加强语言规划等建议，为政府制定语言政策提供了有益的参考。

3. 跨学科研究趋势

随着社会语言学研究的深入发展，跨学科研究趋势日益明显。社会语言学开始与其他学科（如心理学、社会学、文化学等）交叉融合，形成了一些新的研究领域和方向。例如，认知社会语言学就是语言学与认知科学交叉融合的结果。

在跨学科研究中，学者们运用了多学科的理论和方法来探讨语言与社会的关系。他们通过实证研究、案例分析等方式，揭示了语言在社会生活中的重要作用和影响。这种跨学科的研究方法不仅丰富了社会语言学的理论体系和方法论基础，还提高了其解决实际问题的能力。

4. 学者观点

在中国社会语言学的发展过程中，许多学者都做出了重要贡献。他们从不同的角度和层面探讨了语言与社会的关系问题，并提出了许多有价值的见解和观点。

陈原作为中国社会语言学的奠基人之一，认为社会语言学是研究语言与社会多方面关系的学科。他强调语言是一种社会现象，主张把语言放到其得以产生和运用的人类社会的大背景中去研究和考察。他的观点为中国社会语言学的发展指明了方向。

郭熙认为，中国社会语言学的发展经历了初创阶段、迅速发展阶段和稳定深入发展阶段。他强调每个阶段都有其特定的历史背景和发展特点，并指出中国社会语言学的研究内容和方法论基础在不断丰富和完善。他还特别关注语言政策与规划问题，认为这是中国社会语言学研究的重要方向之一。

此外，还有许多学者也对中国社会语言学的发展做出了重要贡献。他们从不同的角度和层面探讨了语言与社会的关系问题，如语言变异与语言变体、语言与社会身份认同、语言教育与语言习得等。他们的研究不仅丰富了社会语言学的知识体系，还推动了该领域研究的深入发展。

第二章 社会语言学的理论框架与研究方法

第一节 社会语言学的理论框架

社会语言学的理论框架建立在深入探索语言和社会之间复杂关系的基础之上。这一框架旨在揭示语言结构如何受到社会因素的影响，以及语言如何在社会中发挥其独特的功能。

一、语言变异与变化理论

语言变异（Linguistic Variation）是指语言在使用过程中，因社会因素、心理因素或语言内部因素的作用而产生的差异和变化。这种变异不仅体现在语言结构的各个层面（如语音、语法、词汇等），还体现在语言使用的社会功能层面。语言变异是社会语言学研究的重要对象，它揭示了语言作为一种社会现象的复杂性和多样性。

根据学者的观点，语言变异可以分为多种类型。例如，拉波夫作为语言变异学派的创始人，他强调语言变异是语言有序异质性的体现，认为语言变异不仅体现在个体层面，还体现在群体层面。拉波夫将语言变异分为系统性变异（Systematic Variation）和非系统性变异（Nonsystematic Variation），前者指有规律可循的变异模式，后者则指随机或偶然的变异现象。

（一）语言变异的理论基础

社会语言学认为，语言变异与社会结构之间存在着密切的共变关系，即语言变异是社会因素的反映，同时语言变异也参与社会结构的构建。这一视角强调语言变异的多维度，包括社会因素（如阶级、性别、年龄、职业等）、心理因素（如态度、认同等）及语言内部因素（如语音、语法、词汇等）的综合作用。

（二）语言变异与变化的关系

语言变异与变化是两个既相互联系又有所区别的概念。语言变异是语言变化的前提和基础，语言变化则是语言变异长期积累的结果。

1. 语言变异是语言变化的驱动力

语言变异是语言系统内部和外部因素共同作用的结果。这些变异现象不断积累和发展，最终可能导致语言结构的根本性变化。例如，新词汇的产生、旧词汇的消亡、语法规则的演变等都与语言变异密切相关。

2. 语言变化具有渐变性和稳定性

与语言变异相比，语言变化具有更明显的渐变性和稳定性。语言变化是一个长期的过程，它不会在短时间内发生显著的变化。同时，一旦语言变化形成约定俗成的模式，它就会相对稳定地存在于该语言之中。这种稳定性使得语言能够作为一种有效的交际工具在社会中持续发挥作用。

（三）学者对语言变异与变化的研究

1. 威廉·拉波夫的观点

威廉·拉波夫是语言变异研究的先驱者之一，他提出了许多具有开创性的观点。拉波夫认为，语言是一个有序的异质体，语言变异不是任意或无拘无束的，而是具有系统性和规律性。他通过大量的田野调查和实证研究，揭示了语言变异与社会结构之间的密切关系，为语言变异研究奠定了坚实的基础。

2. 彼得·特鲁吉尔的研究

彼得·特鲁吉尔（Peter Trudgill）是英国著名的社会语言学家，他对语言变异与变化进行了深入研究。特鲁吉尔特别关注方言变异和社会方言现象，他通过对方言地理学和语言接触的研究，揭示了语言变异与地域、社会阶层、职业等因素之间的关系。特鲁吉尔的研究成果对于理解语言变异的社会动因和机制具有重要意义。

3. 中国学者的贡献

在中国，社会语言学和语言变异研究也取得了显著进展。许多学者结合汉语的实际情况，对语言变异与变化进行了深入研究。例如，《语言变异与变化》一书中，系统介绍了语言变异的理论框架和研究方法，为中国社会语言学学者的创新研究提供了重要参考。此外，陈松岑和祝畹瑾等也在语言变异与变化领域做出了重要贡献。

（四）语言变异与变化的应用价值

1. 跨文化交流

在全球化背景下，跨文化交流日益频繁。语言变异与变化的研究有助于增进不同文化之间的理解和沟通。通过了解对方语言的变异现象和背后的社会文化背景，交流双方可以更加顺畅地进行沟通。

2. 语言教学与习得

语言变异与变化的研究对语言教学与习得也具有重要启示意义。教师可以根据学生的语言变异情况调整教学策略和方法，提高教学效果；学生则可以通过了解语言变异的规律更好地掌握和运用语言。

语言变异与变化是社会语言学研究的核心议题之一，它揭示了语言作为一种社会现象的复杂性和多样性。通过深入研究语言变异与变化的现象和规律，我们可以更加全面地理解语言与社会、文化之间的关系。同时，语言变异与变化的研究还具有广泛的应用价值，为语言政策与规划、跨文化交流及语言教学与习得等领域提供了重要支持。未来随着学科交叉和融合的不断加深及技术手段的不断创新，语言变异与变化的研究将取得更加丰硕的成果。

二、语言接触与融合理论

语言接触与融合是社会语言学中一个复杂而重要的领域，它涉及不同语言或方言之间的相互作用和影响。这一现象不仅反映了语言发展的动态过程，还是文化交流和民族融合的重要体现。

（一）语言接触与融合的定义

语言接触（Language Contact）指的是不同语言或同一种语言内不同方言之间经常交往及其所产生的结果。导致语言接触的主要原因是贸易、文化交流、移民杂居等。语言接触会表现为相互的影响，使双方或多方语言都发生一些变化。语言融合（Language Fusion）则是指不同语言在同一地区长期密切接触以至于逐渐趋向融合，其中一种语言排挤代替了其他语言，即其中某一种语言成为胜利者，保留自己的语法构造和基本词汇，并按自己发展的内在规律继续发展，其他语言则由于无人使用而消亡。需要注意的是，语言融合并不等同于混合语（如克里奥尔语）的产生，而是指一种语言替代另一种语言的过程。

（二）语言接触的类型

语言接触的类型多种多样，但大致可以分为以下两种：

1. 语言成分的借用和吸收

（1）借词。借词是最常见的语言接触形式，即一种语言从另一种语言中借用词汇。例如，英语借用了大量汉语词汇，如"Confucius"（孔子）、"Mandarin"（官话）等。

（2）语言规则的借用。除了词汇外，语言接触还可能涉及语法、语音规则的借用。例如，日语在形成过程中吸收了大量汉语词汇，同时借鉴了汉语的语法结构。

2. 语言的融合

（1）双语现象。在融合初期，被融合民族的成员往往掌握两种语言，本族语和在融合过程中占优势的那种语言。双语现象是语言融合过程中的重要过渡阶段。

（2）语言替代。随着融合进程的深入，优势语言逐渐替代劣势语言，成为全社会的交际工具。这一过程往往伴随着语言系统的重构和文化认同的转变。

（三）语言接触与融合的过程

语言接触与融合的过程是一个动态而复杂的发展过程，涉及语音、词汇、语法等多个层面。学者们对这一过程进行了深入研究，提出了多种理论模型。

1. 语言接触的社会动因

语言接触的社会动因强调社会历史条件对语言接触与融合的决定性作用。例如，政治、经济、文化等因素都会影响语言的选择和使用，进而推动语言的融合。

2. 双语制与语言转用

双语制是语言融合过程中的重要现象，它反映了语言使用者在不同场合下对语言的选择和使用。随着融合进程的深入，双语制可能解体，优势语言成为唯一的交际工具。

（四）学者观点

1. 艾纳·豪根

艾纳·豪根（Einar Haugen）是生态语言学的先驱之一，他最早提出了

"语言生态"（Ecology of Language）的概念。他认为，要研究特定语言与环境之间的相互作用和关系，即语言的生存发展状态，表现为特定语言与其所在社会、族群及自然地理环境之间的相互作用关系。豪根的观点为语言接触与融合研究提供了新的视角，强调语言系统与其外部环境的紧密联系。

2. 陈保亚

陈保亚在《论语言接触与语言联盟》一书中提出优势语言和弱势语言在接触过程中具有排斥、融合的过程，最终会成为方言岛或孤立语言。他认为语言接触是一个双向互动的过程，但弱势语言更容易受到强势语言的干扰而产生变化。这一观点对于理解语言接触与融合的动态过程具有重要意义。

3. 刘丹青

刘丹青从类型学角度分析了语言接触融合的过程和结果，结合语音、形态、句法、词汇等方面深入探讨了语言接触融合的现象。他认为语言接触与融合是语言多样性的重要来源之一，也是通用语言形成的重要途径。刘丹青的研究为理解语言接触与融合提供了深度分析视角。

（五）语言接触与融合的影响

语言接触与融合的结果是多方面的，它不仅改变了语言的结构和功能，还深刻影响了文化、社会和民族关系。

1. 语言结构的改变

语言接触与融合会导致语音、词汇、语法等层面的变化。例如，英语中大量汉语词汇的借入丰富了英语的表达能力，而汉语在接触过程中也吸收了其他语言的词汇和语法规则。

2. 文化认同的转变

语言接触与融合往往伴随着文化认同的转变。优势语言的使用和推广有助于强化其背后的文化认同和价值观念，而劣势语言的消亡可能导致相关文化传统的失落。

3. 社会关系的调整

语言接触与融合是社会关系调整的重要体现之一。随着语言融合进程的深入，原有的民族关系、社会结构等都可能发生变化。例如，双语制的解体可能导致民族间交流障碍的减少和社会凝聚力的增强。

语言接触与融合是语言学中一个复杂而重要的领域，它涉及不同语言或方言之间的相互作用和影响。这一过程不仅反映了语言发展的动态过程，还是文化交流和民族融合的重要体现。学者们从不同角度对语言接触与融合进行了深入研究，提出了多种理论模型和方法论。未来，随着科技手段的不断进步和跨学科研究的深入发展，语言接触与融合的研究将更加深入和全面。同时，我们也需要关注语言接触与融合带来的文化和社会影响，促进不同语言和文化之间的和谐共生。

三、言语社区理论

言语社区理论（Speech Community Theory）是社会语言学中的一项核心理论，它深入探讨了语言与社会群体之间的关系，以及语言如何在特定社区中形成、变异、传播和维持。

（一）基本概念

言语社区理论强调语言不仅是交际的工具，还是社会群体身份认同、文化传承和社会结构的重要标志。言语社区被定义为一群生活在特定地域、具有相似文化背景和生活方式、在交际过程中遵守相同言语规则的人群。他们通过共同的语言特征、言语互动和心理认同来维系社区的存在，形成了一种独特的语言使用环境和文化现象。

（二）学者及其观点

1. 拉波夫

拉波夫是言语社区理论的重要贡献者之一。他认为，言语社区的成员不仅共享一套语言符号系统，更重要的是他们对这套系统有着共同的评价标准。在《社会语言学模式》等著作中，拉波夫通过实证研究展示了言语社区内部成员如何通过言语互动来维持和改变语言特征。他强调，言语社区的成员在言语实践中表现出一种有序性，即对语言变异有着共同的评价机制和规范意识。

2. 徐大明

中国学者徐大明在言语社区理论方面也有深入研究。他提出了"社区第一，语言第二"的观点，即社区是社会语言学研究的基本单位，语言是社区成员互动的结果。徐大明认为，言语社区的形成和发展受到多种社会因素的影响，包括地域、人口、文化、历史等。他强调，言语社区的研究应该注重社区成员的言语实践和社会关系，而不仅仅是语言本身的变异和变化。

3. 其他学者及其观点

除了拉波夫和徐大明外，还有许多学者对言语社区理论进行了丰富和发展。例如，甘柏兹强调了言语社区作为言语互动场所的重要性，认为社区成员对社区交际规范的熟谙与遵从是该成员属于本社区最重要的标志。霍凯特（Hockett）则从更宽泛的角度定义了言语社区，认为它是通过共同的语言直接或间接交往的一群人。

这些观点共同构成了言语社区理论的多元视角和丰富内涵。

（三）言语社区的构成要素

言语社区理论通常认为，一个言语社区需要具备地域、人口、互动、认同、设施等要素。

1. 地域

言语社区成员通常生活在一定的地域范围内，这是他们进行言语互动的空间基础。地域不仅限定了成员的物理位置，还影响了他们的语言使用习惯和语言变体的形成。

2. 人口

言语社区由一定数量的人群组成，这些人群通过共同使用的言语符号进行互动。人口的数量和质量（如年龄、性别、教育背景等）都会影响言语社区的语言特征和动态变化。

3. 互动

言语社区成员之间通过言语互动来交流思想、情感和信息。这种互动不仅是语言使用的过程，还是语言变异和变化的重要驱动力。言语互动的形式多种多样，包括面对面的交谈、电话交流、网络沟通等。

4. 认同

言语社区成员对他们所使用的语言或语言变体具有一种心理上的认同感和归属感。这种认同是维持言语社区稳定和发展的重要因素。它不仅体现在语言使用上，还渗透社区成员的生活方式、价值观念和社会行为。

5. 设施

言语社区还需要具备一些公共的设施或服务，如学校、媒体、公共场所等。这些设施为成员提供了语言学习和使用的环境，也是语言规范和语言变体传播的重要渠道。设施的质量和数量直接影响言语社区的语言生态和发展水平。

（四）言语社区理论的应用价值

1. 语言调查与规划

通过对言语社区的调查和分析，可以了解特定社区的语言使用情况和语言变体特征，为语言政策的制定和实施提供科学依据。言语社区理论强调语言变异和变化的社会性，有助于揭示语言现象背后的社会动因和机制。

2. 语言教育

言语社区理论对语言教育具有重要的启示意义。它提醒我们关注学习者的社会背景和语言环境，尊重他们的语言习惯和文化传统。同时，言语社区理论也强调了言语实践的重要性，鼓励教育者通过真实的语言交际活动来提高学生的语言能力和社会适应能力。

3. 跨文化交际

在全球化的背景下，跨文化交际成为越来越重要的议题。言语社区理论为我们理解不同文化背景下的语言使用差异提供了有力的理论工具。比较不同言语社区的语言特征和交际规范，可以增进对不同文化的理解和尊重，促进不同文化之间的有效沟通和合作。

尽管言语社区理论在语言学和社会学领域取得了显著的成就，但也面临着一些挑战和未解决的问题。例如，如何界定言语社区的边界？如何量化言语社区成员之间的认同程度？如何解释言语社区内部的异质性？这些问题都需要进一步研究和探索。

未来，随着全球化的深入发展和信息技术的不断进步，言语社区理论将面临更多的机遇和挑战。一方面，全球化将促进不同文化之间的交流和融合，为言语社区的研究提供新的视角和案例；另一方面，信息技术的普及将改变人们的语言使用方式和交际习惯，对言语社区的形成和发展产生深远的影响。因此，我们需要不断关注言语社区的新变化和新现象，深化对言语社区理论的认识和理解，为推动语言学和社会学的发展做出更大的贡献。

四、语言政策与规划理论

语言政策与规划是关于语言在社会中如何被使用、管理和发展的研究领域。作为社会语言学的一个重要分支，它关注语言在社会生活中的地位、功能、传播及与政治、经济、文化等因素的相互关系。

（一）学科性质和理论框架

语言规划学是关于语言功能的学问，它不仅是重要的社会治理活动，还是社会语言学、应用语言学、公共政策学等学科的研究对象。国内外有关语言规划研究成果的积累与社会生活的新近发展，推动了语言规划学作为一门学科的兴起。

语言规划学强调语言的多重功能，包括交际工具、思维工具、文化功能、经济属性和经济价值。已有的语言学研究大致可以归入语言本体研究、语言应用研究、语言学习研究、语言信息处理研究、语言的生理—心理—病理研究等领域。语言功能研究加入语言学的学科体系，使学科体系更为完整，也表明语言规划学有自己的学术地位和研究特色。

（二）学者观点

语言规划是一种对语言文字的形式和功能进行有目的、有计划的调整的有益的社会活动，能够给大多数言语社团成员带来经济效益或社会效益。李宇明强调，语言规划应关注语言生活，深入了解语言生活的实际情况，并从古今中外的语言规划实例中总结出语言规划的规律。

著名的语言政策学者斯波斯基（Spolsky）则认为语言政策是与语言相关的选择，包括从两种或两种以上语言中选择一种，或在一种语言中选择某一种方言或风格。他提出了语言管理理论模型，认为语言政策由语言实践、语言信念及语言管理三部分组成，这三部分既相互依赖又相互独立，共同影响个人的语言选择。

（三）语言政策与规划的核心问题

语言政策与规划的核心问题包括语言地位规划、语言本体规划、语言习得规划等三个方面。

1. 语言地位规划

语言地位规划关注的是某种语言在特定社会中的地位和作用。例如，在多民族国家中，如何确定官方语言、如何平衡各民族语言的关系等都是语言地位规划的重要问题。语言地位规划往往与国家的政治、经济、文化等因素紧密相连，是国家语言政策的重要组成部分。

2. 语言本体规划

语言本体规划则关注语言本身的规范和发展。这包括语言文字的创制和改革、正字法的研制、词汇的现代化和标准化等方面。语言本体规划旨在提高语言的规范性和使用效率，促进语言的健康发展。

3. 语言习得规划

语言习得规划关注的是如何促进语言的学习和掌握。这包括语言教育政策的制定和实施、语言教学方法的改进和创新等方面。语言习得规划旨在提高人们的语言能力和跨文化交际能力，促进语言文化的传播和交流。

（四）语言政策与规划的实施策略

语言政策与规划的实施策略涉及多个方面，包括前期准备、选择标准、加强规范、组织实施、完善功能、评价体验等步骤。

1. 前期准备

在实施语言政策与规划之前，需要进行充分的前期准备工作。这包括调研评估语言使用的现状和需求、分析语言政策与规划的背景和目标、制定具体的实施方案等。

2. 选择标准

在选择语言政策与规划的标准时，需要考虑多种因素的综合作用。这些因素包括语言的功能性、实用性、可接受性、文化价值等。通过综合考虑这些因素，可以制定出符合实际情况的语言政策与规划标准。

3. 加强规范

加强语言规范是语言政策与规划的重要内容之一。这包括制定和完善语言文字的规范标准、推广和规范语言文字的使用等方面。通过加强语言规范，可以提高语言的准确性和规范性，促进语言文化的健康发展。

4. 组织实施

组织实施是语言政策与规划的关键环节。这包括建立相应的组织机构、制订详细的实施计划、调配资源和人力等方面。通过有效的组织实施，可以确保语言政策与规划的顺利推进和实施效果的最大化。

5. 完善功能

完善语言政策与规划的功能是提高其实施效果的重要途径。这包括加强语言政策的宣传和推广、提高语言规划的科学性和合理性、促进语言政策的创新和发展等方面。通过完善语言政策与规划的功能，可以更好地发挥其在社会生活中的作用和价值。

6. 评价体验

评价体验是语言政策与规划的重要环节之一。这包括收集和分析社会各界对语言政策与规划的意见和建议、评估其实施效果和影响等方面。通过评价体验，可以及时发现和纠正语言政策与规划中的问题和不足，为其未来的改进和完善提供有益的参考。

（五）未来发展趋势

随着全球化的深入发展和信息技术的不断革新，语言政策与规划面临着新的挑战和机遇。未来发展趋势主要包括以下四个方面：

1. 多元化与包容性

未来语言政策与规划将更加注重多元化和包容性。在全球化背景下，不同语言和文化的交流和融合将日益频繁和深入。因此，语言政策与规划需要更加关注不同语言和文化之间的平等和尊重，促进语言文化的多元共生与和谐发展。

2. 数字化与智能化

随着信息技术的不断革新，数字化和智能化将成为未来语言政策与规划的重要趋势。利用大数据、人工智能等现代信息技术手段，可以更加精准地分析语言使用的现状和需求、预测语言发展的趋势和规律、优化语言政策与规划的实施策略等。这将大大提高语言政策与规划的科学性和有效性。

3. 国际化与本土化相结合

在全球化背景下，各国之间的语言政策与规划将相互借鉴和融合；同时，各国也需要根据自身国情和文化传统制定符合自身实际的语言政策与规划。因此，未来语言政策与规划将更加注重国际化和本土化的有机结合和相互促进。

4. 跨学科与综合性

未来语言政策与规划将更加注重跨学科和综合性研究。语言政策与规划涉及多个学科领域的知识和方法论基础，因此需要加强跨学科合作和交流，促进不同学科之间的交叉融合和协同创新。同时，也需要注重综合性研究方法的运用和创新，以更加全面和深入地揭示语言政策与规划的本质和规律。

第二节　社会语言学的研究方法

社会语言学的研究方法多种多样，旨在通过科学、系统的方法揭示语言与社会之间的相互关系。这些方法大致可分为定性研究和定量研究两大类，同时结合田野调查、语料库分析、访谈、问卷调查等多种具体手段。每种方法都有其独特的优势和适用场景，研究人员通常会根据研究问题和目的选择最合适的方法或方法组合。

一、定性研究方法

（一）田野调查

田野调查是社会语言学中最具代表性的定性研究方法之一。它要求研究者深入研究对象所在的社会环境，通过参与观察、深度访谈、记录等方式收集第一手资料。田野调查强调研究者与被研究者的互动和对研究情境的深入理解，有助于揭示语言使用的真实场景和社会背景。

徐通锵在《语言变异的研究和语言研究方法论的转折》系列论文中，通过田野调查对山西祁县方言、浙江宁波方言音系中的变异现象进行了深入的思考与分析。这种实地调查不仅揭示了方言音系的具体变异特征，还探讨了这些变异现象与说话人的社会属性（如阶层、性别、年龄等）之间的关系。徐通锵的研究展示了田野调查在社会语言学研究中的重要性和独特价值。

以祝畹瑾对北京话社会语言学的研究为例，她通过长时间的田野调查，深入了解了北京话在不同社会阶层、性别、年龄群体中的使用情况。她不仅记录了语言变体的具体表现，还深入分析了这些变体背后的社会动因和文化意义，揭示了语言使用与社会身份、权力关系之间的复杂联系。

海姆斯强调社会语言学的研究应具有"跨学科性"和"多学科性"，田野调查正是这一理念的具体实践。通过深入实地调查，研究者能够跨越学科界限，从社会、文化、心理等多个角度全面审视语言现象。

（二）深度访谈

深度访谈是一种半结构化的访谈方法，旨在通过开放性问题引导被访者深入表达自己的观点和经历。在社会语言学研究中，深度访谈常用于探讨人们对语言使用的态度、观念及语言变异的社会原因等。

在研究少数民族语言保持与转用时，研究者可以通过深度访谈了解当地居民对母语和通用语的看法、使用情境及语言态度。例如，秦淑华（2018）在云南省丽江市宁蒗彝族自治县永宁乡的札实村与平静村进行亲属称谓调查，就通过深度访谈揭示了亲属称谓的变化及其背后的社会原因。

费希曼认为社会语言学研究应关注语言在社区组织中的功能及语言变异的社会原因。深度访谈作为一种能够深入了解被访者内心世界的研究方法，有助于揭示语言使用的社会动机和影响因素。

二、定量研究方法

（一）问卷调查

问卷调查是一种通过设计标准化问题收集大量数据的研究方法。在社会语言学研究中，问卷调查常用于评估人们对语言使用的态度、偏好及语言变异的社会分布等。

以研究公众对语言政策的态度为例，研究者可以通过问卷调查收集大量样本数据，然后运用描述性统计、相关性分析、回归分析等方法分析公众对语言政策的认知、态度和行为意向。通过这些分析可以揭示语言政策制定和实施过程中的社会心理机制和影响因素。

布莱特（Bright）认为社会语言学是研究语言变异的学科，问卷调查作为一种能够收集大量数据的研究方法，有助于揭示语言变异的社会分布和影响因素。同时，问卷调查的标准化问题设计也便于不同研究之间的比较和验证。

（二）语料库分析

语料库分析是指对大规模语言使用数据进行系统性分析的研究方法。在社会语言学研究中，语料库分析常用于研究语言的结构特点、使用规律及语言变异的社会因素等。

徐大明（2007）在其研究中通过语料库分析揭示了方言的语音、词汇和语法变异现象及其与社会因素（如年龄、性别、职业等）之间的关系。这种基于大数据的分析方法有助于揭示语言使用的普遍规律和特殊现象。

以研究语言接触与语言变异为例，研究者可以利用语料库技术收集不同语言接触环境下的语言使用数据，然后运用统计学方法和自然语言处理技术分析语言变异的特点和规律。例如，在分析英语作为第二语言在不同母语背景学习者中的使用情况时，揭示语言迁移、语言融合等现象的具体表现和社会动因。

拉波夫是社会语言学中定量研究的代表人物之一。他认为对语言变异的研究应结合定量分析方法，以揭示语言变量和社会变量之间的相关关系。语料库分析作为一种能够处理大规模语言数据的研究方法，符合拉波夫的研究理念并得到广泛应用。

三、定性与定量相结合的研究方法

社会语言学研究往往需要将定性与定量方法相结合，以获得更全面、深入的理解。定性方法能够提供丰富的背景信息和深入的社会解释，定量方法则能够提供客观、精确的数据支持。

（一）混合方法研究设计

混合方法研究设计是指在一项研究中同时采用定性和定量方法的研究策略。这种设计有助于弥补单一方法的不足，提高研究的全面性和准确性。

例如，在研究方言的保持与转用时，研究者可以先通过田野调查收集当地居民对方言和通用语使用的具体案例和背景信息；然后设计问卷调查收集更广泛的数据样本；最后通过语料库分析揭示方言使用的普遍规律和特殊现象。这种混合方法研究设计有助于从多个角度全面了解方言的保持与转用情况及其背后的社会原因。

（二）定量与定性数据的整合分析

在混合方法研究设计中，定量与定性数据的整合分析是至关重要的一步。研究者需要对来自不同来源的数据进行相互验证和补充，以揭示更全面的研究结果。

例如，在研究亲属称谓的社会变化时，研究者可以先通过访谈收集当地居民对亲属称谓使用的具体案例和态度观点；然后，通过问卷调查收集更广泛的数据样本；最后，通过语料库分析揭示亲属称谓使用的普遍规律和特殊现象。在整合分析阶段，研究者需要将访谈中的深入见解与问卷和语料库中的量化数据相结合，以揭示亲属称谓变化的社会动因和具体表现。

四、社会语言学研究方法的创新与发展

随着信息技术的发展和社会语言学研究的深入，一些新的研究方法也逐渐被引入该领域中。这些新方法不仅提高了研究的效率和准确性，还为研究者提供了更广阔的研究视角。

（一）基于大数据的语言分析技术

随着大数据技术的兴起，基于大数据的语言分析技术已成为社会语言学研究的重要手段之一。这种技术能够处理和分析海量语言数据，揭示语言使用的普遍规律和特殊现象。

例如，在研究社会流行语的社会影响时，研究者可以利用大数据技术收集和分析网络平台上的语言使用数据。通过对这些数据的挖掘和分析，研究者可以揭示社会流行语的传播规律、社会动因及对传统媒体和传统文化的影响等。

（二）虚拟现实与增强现实技术

虚拟现实（VR）和增强现实（AR）技术为社会语言学研究提供了更逼真的社交场景模拟。这些技术能够模拟不同的社交环境和语言使用情境，帮助研究者更深入地了解语言与社会之间的相互关系。

例如，在研究跨文化交流中的语言障碍时，研究者可以利用虚拟现实技术构建不同文化背景下的社交场景模拟。通过模拟不同文化背景下的交流情境，研究者可以观察和分析交流双方在语言使用上的差异和障碍，并探讨这些差异和障碍对跨文化交流的影响。

总之，社会语言学作为一门研究语言与社会之间关系的学科，其研究方法具有多样性和综合性的特点。定性研究方法如田野调查和深度访谈能够提

供丰富的背景信息和深入的社会解释；定量研究方法如问卷调查和语料库分析则能够提供客观、精确的数据支持。在实际研究中，研究者通常需要将定性与定量方法相结合，以获得更全面、深入的理解。此外，随着信息技术的发展和社会语言学研究的深入，一些新的研究方法也逐渐被引入该领域中，为社会语言学研究注入了新的活力和动力。未来，随着学科交叉融合的不断深入和技术的不断进步，社会语言学的研究方法将更加丰富多样，为揭示语言与社会之间的相互关系提供更加全面、深入的视角和工具。

第三章　语言变异的应用研究

第一节　地域方言

方言是指同一种语言在不同地区因地域差异而形成的变体。方言是语言的地域分支，反映了该地区语言发展的不平衡性。方言与地域密切相关，不同地区的人操着各具特色的方言。方言可分为地域方言和社会方言。地域方言是因地域差异而形成的语言变体，社会方言则是同一社区内因职业、阶层、年龄、性别、文化成长等方面的社会差异而形成的语言变体。本节以粤方言中的"埋"字为例，来探讨地域方言的社会变异现象，还能进一步把粤方言中蕴含的独特岭南方言文化及其与现代汉语之间的联系与区别挖掘出来。

语言变异可以发生在语音、词汇、语法等多个层面，其中词汇变异因其直观性和多样性而备受关注。词汇兼类现象作为词汇变异的一种重要类型，指的是同一词汇在不同语境下具有多种词性或功能的现象。粤方言词汇中"埋"的多种用法，正是兼类现象的典型代表。

　　江蓝生（2010）提出："粤语中由'埋'组合的词语十分丰富，如'埋数、埋柜、埋尾、埋口、埋闸、埋堆、埋班、埋会、埋行、埋膊、埋笼、埋手、埋位、埋席、埋岸、埋街、埋年、同埋'等，都难以用'收集'义统而贯之；而且'埋'用在动词后面（Ｖ埋）在句子中有多种句法意义和功能，也看不出跟'收集'义有何关联。"白宛如（1998）指出："把'埋'分为动词、动词尾、介词、形容词四类，并且列出很多词条，其中动词的义项有：Ａ）靠近，到达；Ｂ）进，入；Ｃ）组织，组合，聚合；Ｄ）合，关闭；Ｅ）结算，总结。动词尾的义项有：Ａ）上，着；Ｂ）起；Ｃ）完成，完毕；Ｄ）完全，全部；Ｅ）净是，老是；Ｆ）也，连。"

一、"埋"的用法

（一）作实词

1. 动词"埋"

　　（1）掩盖、隐藏。"埋"，会意字，字从土，从里，顾名思义，本义是把东西藏进土里。读音为"mái"的"埋"在现代汉语中，包括标准普通话、北方方言及南方方言中，"埋"最初的意义便是"把东西藏进土里"。普通话中的"埋葬""埋下"便是把东西埋进土里。粤语作为汉语的一门方言，虽然在语音、词汇、语法等各方面与普通话有很大差别，但粤语对应的仍是汉字，属汉文化的一部分，因此"埋葬""埋下"的表达方式在粤语中也是很常见的，但偶尔粤语地区的人会用"盖"或者"掩"代替"埋"来表示"把东西藏进土里"这一意义。同理，普通话及其他方言中也有用"盖"或者"掩"来代替"埋"的情况。

　　"埋"由本义"把东西藏进土里"进而延伸至"低、低下去"。普通话中的"埋头""埋首"便表示把头低下去，甚至引申至"埋头顾影"用来形容矫饰者暗中窥察外界的反应。粤语中表示"低、低下去"义的"埋"与普通话的用法相比稍显呆板，普通话中的"埋头"会表达成"埋低头"，如此一来更加口语化，更符合日常粤语的发音习惯，但少了"埋头"的简洁和灵活。

总之，"埋"的本义"掩盖、隐藏"在粤语中的表达不如普通话灵活，只是较为呆板地表达掩盖或隐藏这一机械的动作，并不会在后面加上比喻义或抽象意象以展现更加多样的表达。

（2）集中、聚合。"埋单"在粤语中表示结账之义，后由岭南粤语地区传入中原地区，在普通话中常用作"买单"。"埋单"一词进入普通话后逐渐演变为"买单"，除了"埋单"与"买单"在发音上相似之外，"买单"一词也比"埋单"更易理解和接受。"买单"顾名思义便是买了单子，结账的意思，但对于"埋单"一词的来源和具体意义的研究和解读，一直以来都是众多学者讨论的热点。

对于粤语中的"埋单"一词，目前暂时有两种说法：其一，认为"埋单"中的"埋"表示"集中、聚合"之义，即把单子集中起来算账，结总账；其二，认为"埋"表示"掩盖"之义，即服务员把单子盖起来不让客人看到，只有请客的人知道具体花了多少钱。我们更加认同第一种解释，因为类似于"埋单"中"埋"此类用法的词语还有"收埋"，即把东西都集中起来，收藏起来。

总的来说，表达"集中、聚合"之义的"埋"，在普通话中不存在，但在粤语中是非常常见的一种用法。

（3）靠近、贴近。表示"靠近"义的粤语词有"埋站"，即表示火车驶入站内，往站内靠近。"埋近点"中的"埋"同样表示"靠近"之义，即让对方靠近点。这一表示"靠近"义的"埋"，虽在普通话中并不存在，但在粤语中使用较为频繁。粤语中用来表示"靠近"义的"埋"，除了"埋站"一词外，通常是以短语形式出现，并且在口语中的使用形式较为灵活，如站近点——"企埋点"（粤语口语中的"站"通常用"企"表示）、走近点——"行埋来"（粤语口语中的"走"通常用"行"表示）、坐近点——"坐埋来"等等。相比于"集中、聚集"义的"埋"，用"埋"表示"靠近"义在粤语口语中更常见。

（4）关闭、闭合。粤语中的"埋口"一词在口语与书面语中均有使用，表示伤口愈合之义，旧时也有商店倒闭之义。"埋闸"表示店铺晚上关门，字面意思便是把闸门关闭上。与上述表示"靠近"义的"埋"相比，此类表示"关闭""闭合"的"埋"多用于二字词语中，运用于短语中的情况较少，因此并无能够频繁运用于短语与日常粤语口语中的"靠近"义和"集中、聚集"义的"埋"那般灵活。

"埋"的"关闭、闭合"义与"集中、聚集""靠近"义有诸多联系，"关闭、闭合"这个动作本身便具有"聚集"和"逐渐靠近"的趋势。由此可猜测粤语汇总的"埋"除了与普通话相同的"埋葬、掩盖"外，其他用作动词之义，如"集中、聚集""靠近""关闭、闭合"，相互之间都有一些联系，都具有表示人与人、人与事物或者事物与事物之间越来越近，趋于一体甚至逐渐合为一体的趋势。

总的来说，"埋"的"关闭、闭合"义在粤语中的使用频率不如前三种意义多，但这一意义的存在并非偶然，是词义逐渐发展的必然结果。

2. *形容词"埋"*

"埋"作为形容词，在粤语中的用法并不多，大多数是与现代汉语，特别是普通话通用的某些词汇，如"埋没"。"埋没"中的"埋"便是"没"的定语，用于修饰"没"之程度，"埋没"一词比单纯的"埋"或者"没"更多一种动作，这一动作正诠释了"埋没"的完整意义——埋在地下；使显露不出来，不能发挥作用。"埋没"中"埋"与表示"掩盖"义的"埋"大体相同，有人将两者都归为动词"埋"，都表示"掩盖"义，但笔者在此将

"埋没"的"埋"另归为形容词，原因在于"埋没"一词中的"埋"对整体词义的提升起着重要作用。

粤语词汇中以形容词出现的"埋"，除了沿用普通话中的部分词汇外，其他具有粤语特色的本土词汇在书面口语中基本上没有。类似的"埋"的形容词用法在东北方言中运用得极其普遍，如"埋汰"。东北方言中的"埋汰"一词一般"埋"和"汰"连用，可作为形容词和动词，两者作为形容词表示肮脏之义，作动词时表示挖苦别人之义，这一用法和意义在粤语中并无明显体现。

总的来说，粤语中"埋"作为形容词的情况很少见，也远远不如部分带有"埋"的形容词的北方方言词汇使用频率高。

（二）作为虚词

1. 助词"埋"

（1）将……包含在内。用于动词后，表示将……包含在内。例如："等埋我"——等我一起；"饮埋啲汤"——将汤一起喝了；"我同埋你"——我和你。

不同于普通话及其他方言，粤语中"埋"的意义和用法中最具特色的当属它的助词用法。当"埋"作为结构助词在句子中时，一般出现在动词后。最常见的是用来表示"将……包含在内、连同、连带"之义。例如："等埋我"——顺便等等我、等我一起；"饮埋呢碗汤"——把这碗汤也一起喝了。

除了动词加"埋"的用法，粤语中表示"将……包含在内"之义的还有"连……一齐……咗佢""……嗮"。前者显然从字面上便可看出其与"将……包含在内"之义具有紧密的联系，至于句末的"咗佢"，其用法也是在前面加动词。例如："食咗佢"——吃了它；"饮咗佢"——饮了它；"打咗佢"——打了它/他/她；"佢"即"它/他/她"。

由此可见，"……咗佢"即"……了它/他/她"，而在这一句末用法前加上"连……一齐"，如"连呢碗汤一齐饮咗其"，意思是"把/连这碗汤一起喝了"。既表示事情的状态，又含有"将……包含在内"之义。但如果"……咗佢"前已出现"……佢"或"佢……"，即前面的句子中出现了"佢"，此时句末的"……咗佢"便要变换为"……咗"，如"我哋都连佢一齐叫咗"（我们连他/她都一起叫了出来），不会把这句话说成"我哋都连佢一齐叫咗佢"。

另一种用法"……赛"，相较于"……埋"和"连……一齐……咗佢"，除了有"将……包含在内"之义，还更加偏向于一种完成时的状态。例如，"佢将呢碗汤都饮赛咗"，意思是"他/她把这碗汤都喝光了"。

综上所述，表示"将……包含在内"的几种用法中，使用范围最广的要数"……埋"，其次是"连……一齐……咗佢"，最后才是不常使用的"……赛"。

（2）接在动词后，表示方向义。粤语"埋"还有一种用法："望埋呢度"（望向这里）、"睇埋佢度"（看看他/她那边）、"你个身向埋太阳葛边"（你的身子向着太阳那边）。在这几个例句中，"埋"用在动词后，并且是跟"看""望"这一动作有关的动词后，表示方向。与此用法相同的还有"……向"，即与普通话中表达方式一样的"……向"，如"望/睇向太阳"，但这种用法较为现代化，少了粤语自身独有的韵味。这样的表达方式通常会出现在年青一代的粤语母语者身上，这也是他们融合粤语与普通话后的通常用法。

若想表达"你个身子向埋太阳葛边"（你的身子向着太阳那边）这类"埋"前加的是"向"这一动词的情况的时候，句中的"埋"便不能与"向"相互转换了，因此在用"……向……"表示"方向在哪边"时，只能在"向"后加上"埋"，构成"……向埋……"这种句式以进一步组建句子表示方向义。

总的来说，在粤语中用"……埋"表示方向义并不罕见，但并不是使用最广泛的用法。运用"……埋"在动词后以表示方向义这一用法最符合粤语使用习惯，符合粤语语法规范。

（3）表示"积累"义。表示"积累"义的"埋"的用法通常是前加"食"（吃）、"饮"（喝）等这类与进食有关的持续动作动词。例如："食埋呢够水嘅腩肉"——吃上这值一百块的腩肉；"饮埋呢碗汤"——喝完这碗汤。

在此句中，"呢"表示"这"，"够水/一够水"表示"一百块"。在这一类句子中，"埋"用来表示"积累、堆积"之义，因此句中的"腩肉"，是一堆累计值一百块钱的腩肉；如果这句换成"食呢够水嘅腩肉"，那它的意思就变为"吃这一百块钱的腩肉"了，这样一来，这句话就会产生歧义，会带来两种解释：其一，吃的这块腩肉，数量是一块，价格值一百块钱；其二，与"埋"的意义相同，即吃的不是一块腩肉，而是一堆总价值一百块钱的腩肉。由此对比可发现，在具体句子中表示"积累"义的"埋"虽不常见，但在句子中起到重要的辨析作用。

综上所述，粤语中表示"积累"义的用法有许多，如与普通话一样用法的"积……""总共……"等，但"……埋"在其中稍显特别之处便是它不仅有"积累"义，在某些特定的词句中还带有辨析色彩，这与其他词汇不一样。

2. 介词"埋"

（1）表示"……在"。表示"……在""……到"之义，如"缩埋门后面/边/尾"。"缩埋门后面/边/尾"即"缩在门后面"之义，类似的用法还有"企埋我后尾"（站在我后面），"埋"在此处表示的是"……在"之义，其义基本上等同于"在、到"，如"将果度啲垃圾放埋垃圾桶度"（将那边的垃圾放到垃圾桶里，其中："果度"指"那边"；"啲"即"的"；"……度"为语气助词，前加地点，表示在哪个地方）。在粤语中，表示"在"义的除了"……埋"，还有"……采""……喺"。粤语中表示某物在某地的这类说法通常用"……㗎"来表示，"……采"次之，"……埋"最少见，但少见并不等于没有，这便涉及每个人的语言使用习惯。值得一提的是，"……㗎"和"……采"基本相同，可以互相转换，而两者与"……埋"之间有着小小的细微差别。

（2）顺序不同意义不同。拿具体的一个例句来看，"把孩子放在这"翻译成粤语，可以有"将小朋友放埋呢度""将小朋友放采呢度""将小朋友放㗎呢度"这三种表达方式，但如果将"把孩子放在这"的表达顺序进行稍许调整，变为"放孩子在这"的话，在粤语中的表达方式便只能是"放小朋友㗎呢度"或者"放小朋友采呢度"，不能使用含有"埋"的句式，即不能说成"放小朋友埋呢度"。

表示"……在""……到"之义的介词"埋"的用法，在粤语中的使用较普遍，但相对来说，运用起来还是具有一定的限制，不能做到灵活运用。

二、粤语兼类现象的独特性

（一）与普通话的联系和差别

1. 同

与普通话相似，粤语中兼类词数量多、分布广，最为常见的是名动兼类，除了个别词汇在粤语中的表达更加多样外，正常情况下粤语句式中出现的兼类现象和粤语中的兼类词都与普通话无异。例如，名词动词兼类"建议"、名词形容词兼类"科学"、动词形容词兼类"讨厌"等，这类兼类词都是在同一性质的词汇之间相互转换，即基本属于实词的范围，在句式中充当一定的句法成分，普通话中的兼类现象依然适用于粤语。

2. 异

虽然普通话与粤语的兼类现象存在许多相似之处，且基本上普通话的兼类词在粤语中也通用，但某些在粤语中出现的兼类现象和兼类词不能运用于普通话中，如"埋"字。粤语中的"埋"有许多意义和用法，在句子中也能充当各种成分，尤其是"埋"这种同时实词虚词兼类的现象，几乎只在粤语中出现，因此粤语"埋"的语源，特别是作为助词使用的"埋"的语源，一直以来都是学术界讨论的热点。

"埋"用作虚词（助词）这种用法本身的存在便是值得深究和分析的有趣现象。将"埋"用于动词后表示"包含"之义在粤语中是很常见的现象，而这一现象放在普通话中是不可能出现的。

粤语中存在的这些独特语言现象，具有自己的特色，保持着从古延续至今的习惯和用法。在这一点上，"埋"及粤语中独特的兼类现象正是岭南文化、粤语文化保持自身文化特色的充分显示。

（二）与闽方言的联系和差别

有学者从方言比较的方向入手，将不同地区方言中"埋"的意义和用法加以比较，尤其是粤方言各分支与闽方言各分支中出现"埋"或与"埋"有关的词语。通过比较后，寻找各地区之间关于"埋"的用法的联系和区别，对比其间关系，逐步列出有关其语源的几类猜想，最后寻找相关证据以证明自己的猜想。通过这一过程，有些学者提出，粤语中的"埋"与在其列出的几种方言中出现的"埋"之间有相关联系，并且这些联系或者共性，都是普通话中所没有的，但又并非是某一方言独有，而是或多或少地同时存在于几种方言中，这几种方言之间的相关性也较强，地理位置相距不远。

各类方言中的兼类现象不尽相同，各有各的特色，但都各有联系，特别是距离乡里较近的方言。粤语则与相邻的几种方言，如客家方言、闽方言之间的联系较密切。

一直以来，由于地理、历史等原因，盛行于岭南地区的粤语与中国境内其他地区方言之间有着巨大的差别，粤语与相邻的闽方言之间已相去甚远。就语音来看，粤语有9个音调，这是除了广西玉林地区方言的10个音调之外音调最多、最复杂的一门方言；就词汇来看，粤语仍保留着大量的古语词，又在古语词的基础上受到英语的影响，吸收了许多外来词（这一现象在我国香港地区尤为普遍）；就语法来看，粤语中倒装句较多。

粤语中"埋"的兼类用法在闽方言中极为少见，就连在粤语中，这样的实词虚词兼类用法也是不多的。粤语的"埋"所代表的典型而独特的粤语兼类现象，深刻地影响着粤语地区现代人的生活。

三、岭南方言文化的影响

粤语中的这一兼类现象在方言中显得尤为独特，这都与岭南粤语地区独特的方言文化有关。岭南地区，泛指广东、广西地区，位于中国内陆板块的南端，与海南岛隔着琼州海峡，在这样一个远离政治、文化、经济中心的地区，再加上地形崎岖，古时候岭南地区交通极其不发达，相邻两地之间的语言和文化都有很大差别，更别说和遥远的北方地区、中原地区相比，就是同一省的两个城市，甚至两个县城的人之间都听不懂对方的方言。在这种语言环境下，粤语与普通话及其他地区方言相差甚远也是合情合理的。至于各种方言间差异如此之大，以及粤语的独特兼类现象存在的原因，主要涉及的文化因素有三点。

（一）古代中原的"雅言"在岭南地区的保留

相较于其他省份的方言，粤语保留了较多的古汉语词汇，且在语义方面与古汉语的联系也更加密切。究其起源，大多数学者认为这是古代中原的"雅言"在岭南地区的保留。古汉语中一些独特的兼类现象（在现代汉语，特别是普通话中已不复存在）在粤语中得到很大程度的保留。

"雅言"是古代汉旅移民从中原地区带过来的，它并非是岭南地区的原产语言。最早将"雅言"带入岭南的，是秦朝征服"百越之地"之后从各地征发到岭南的"垦卒"，他们互相交际必须使用"雅言"。与此同时，在"垦卒"的影响下，原本语言不同的岭南地区原住民之间也使用"雅言"进行交流，这便使得古百越语言中的一些元素被汉族移民的语言吸收，从而逐步形成汉语的一支方言——粤语。

（二）多样化发展

粤语的形成与发展是受多方面、多种因素影响的，从古至今粤语经历了漫长的演变，也吸收、融合了历史和民族带来的影响。因此在多元兼容开放的广府文化区，在丰富多样的广府文化影响下，在广府人的生活与广府民俗文化环境中，粤语呈现出多样化的发展趋势。因此，我们在保护、弘扬粤语的过程中，不仅要注重对古语词汇的继承，还要吸收其他语言和文化中的优秀成分。对于其中优秀的部分要充分学习，同时对于糟粕要果断去除。

综观粤语中的某些词汇，可能是来自外语或者是少数民族语言的融合词汇或新词汇。例如，"波鞋""打波"即"球鞋""打球"的意思，"波"即英文"Ball"在粤语中的译音。除了上述混译的现象，粤语中外来词汇不采用混译的现象也与普通话不甚相同，如英语中的"Strawberry"一词，在普通话中意译为"草莓"，粤语中则采用了完全音译的方法，译为了"士多啤梨"。类似融入粤语的外来词汇还有很多，正是其与粤语的融合使粤语更显活力。

（三）新时代受新文化、新思想、新词汇的影响

随着新时代的到来和新思想文化的冲击，许多具有浓厚时代气息的粤语地道词汇逐渐淡出年青一代的交流。其中最主要的原因是，时代的发展速度超过了粤语词汇的发展速度，一些地道粤语词汇发展所需的语境已不复存在。正如"埋"一类的兼类词，特别是实词虚词兼类这种更为特殊的兼类现象，在地道粤语中的使用频率极其高，使用的范围也广，但随着时代发展，年青一代的粤语水平逐渐下降，在日常对话中，很多年轻人不能流利地用粤语表达，也许夹杂着普通话，也许词到嘴边忘了如何表达。

新文化、新思想和新词汇的影响，除了消极的方面，更多的还是会带来积极的影响。随着对外开放的逐步扩大，有些地区的语言也受到了影响，吸收了很多新时代独有的兼类现象。

总之，粤语的兼类现象反映了语言变异的社会动因。语言变异不仅受到语言内部因素的驱动，还受到社会文化、历史传承等外部因素的影响。粤语作为一种历史悠久的方言，其词汇系统中的兼类现象往往与特定的社会文化环境密切相关。这种联系不仅加深了我们对粤语词汇兼类现象的理解，还为我们揭示了语言变异与社会文化之间的复杂关系。

第二节　社会流行语

社会流行语作为语言变异的一种具体表现，具有鲜明的时代特征和社会属性，其产生、传播及其对社会文化的影响都是语言变异理论关注的重要议题。按产生和传播渠道，可以分为网络流行语、媒体流行语、口头流行语；按内容性质，可以分为时政类、经济类、文化娱乐类、社会现象类。本节从网络流行语、粉丝用语、视频弹幕语言三个方面出发，通过实例探究社会流行语的变异现象、分析其发生变异的社会性因素，进一步探究语言变异对现实社会文化产生的影响。

根据第53次《中国互联网络发展状况统计报告》数据：从使用方式看，使用手机上网的网民数量不断上升，移动支付成为消费者的付款首选，出门只带手机不带现金已成为生活常态；从使用规模看，我国网民数量不断突破，互联网普及率持续攀升；从职业看，涵盖了农民、教师、学生、公务员、工人等各种职业，已经步入了全民参与时代，我国不断推进城镇化进程，使城乡网民结构发生了细微变化。互联网的普及、科学技术的快速发展，将网民的线上交流和线下生活更好地融合在一起，人们在线上交流的问题，可能是线下已经发生和正在发生的新闻或热点问题；线上交流产生的新词汇、新事物，在一定程度上影响了人们的线下行为，两者之间关系密切。

一、网络流行语的变异分析

网络流行语是广泛应用于网络社交平台的语言形式，主要由字母、数字、拼音、汉字、表情及符号自由组合而成。网络流行语生动形象地折射出社会的发展和变迁，网络流行语依托社会而存在，随着互联网的推广和普及，深受网民青睐，成为频繁使用的社会方言。

萨丕尔认为，时代在发展，语言在更新，语言变异现象无处不在，变异是语言的基本属性，没有语言变异，语言的发展变化无处可谈。人们沟通时一般要符合汉语语法规范，然而，在特定的语言环境中，语言使用者会故意偏离或打破常规，创新语言形式，这种不符合常理的语言形式被称为语言变异。网络流行语在"网络时代"扮演着十分重要的角色，了解网络流行语变异的社会来源，有助于我们深入掌握社会发展的脉搏、语言的演变过程及年轻人的文化取向。

（一）变异来源

1. 由影视文学作品演变而来

影视作品的热播、文学作品的出版等，使一些经典台词爆红网络，为网络流行语提供了广泛的题材，网民的模仿能力也在这种演变中与日俱增。例如，"元芳，你怎么看？"这是电视剧《神探狄仁杰》中的经典台词，元芳的回答万年不变，网友们纷纷吐槽、调侃这惯用手段，同时引发了网民对某些社会现象的反思。

2. 由社会事件演变而来

社会上每天都在发生着各种各样的事情，有一些事情被媒体曝光，或具有很强的调侃性、启发性和深思性，被网友疯传，进而演变为网络流行语。

例如，"被雷到了"。2008年8月26日的新闻报道中出现了一则既令人震惊又搞笑的事件，一男子对天发誓如果欠钱会遭到雷劈，话音刚落就被雷电精准击伤，这一词汇摇身一变成为网民无语的代名词。

3. 由网络游戏常用语演变而来

科学技术突飞猛进，网络游戏琳琅满目，不仅满足了人们的娱乐需求，而且游戏中的常用语逐渐演变为网络流行语。

例如，"逆袭"在游戏中是指一反常态，不合常理的攻击行为，向玩家聚集的基地发起进攻，走红网络后指在逆境中反击成功，"草根逆袭"使这一网络语言充满正能量。

又例如，"直到我的膝盖中了一箭"源于热门游戏《上古卷轴5》，因出现频率高和符合游戏玩家心态而走红网络，前半部分的叙述与后半部分的"膝盖中箭"构成转折，用来表示人生处处是惊喜，随时有意外。

4. 由微博热搜和热点演变而来

能上微博热搜的常常是微博上最火热的议题，最能体现现实生活中网民的主要关注点，以浏览量大、频率高推动经典语句的走红。

例如，"毁三观"。NASA在微博上公布了一张地球凹凸不平的素颜照，网友直呼地球素颜照彻底摧毁了地球人的世界观、人生观、价值观，"毁三观"具有高度概括性，一语三关，常常用来形容颠覆一般人看法的人、物、事。

又如，"锦鲤"。因支付宝推出年度锦鲤活动使这条"鱼"蹭足了热度，"鱼跃龙门"稳居热搜排行榜，"锦鲤"成为幸运的象征而风靡一时。

（二）变异类型

1. 语音方面的变异

语言变异是在原有语音系统中演变出新的要素，抑或偏离、违反原语音系统规则。

（1）谐音化。谐音，就是发音相同或相似，而词语有着很大差异的语言现象，这在汉语中体现得更为明显，汉语中同音不同形的字和词语有很多，如没有语境，交流就很困难。网络流行语变异下的谐音包括英汉谐音词、汉语词语谐音、数字谐音词三种类型。

第一，英汉谐音词。例如，Fans："粉丝"，英文原义是狂热者，现用来指粉丝崇拜者；Shopping："血拼"，消费者"血拼"商品，生动形象地表现出花钱的心疼；为了打字方便，用"U"代替"You"，用"CU"代替"See You"。

第二，汉语词语谐音。例如，"偶"：一些夸张口语方式，"我"；稀饭：西北方言中的"喜欢"；"冲鸭"："冲呀"一词的谐音，表示充满朝气，斗志昂扬；"笔芯"："比心"的谐音词，指用双手比出一个爱心的形状。

第三，数字谐音词。例如，"5366"：表示"我想聊聊"；"1314"：表达爱意的"一生一世"；"5361"：我想念你，用来表达思念之情；"886"：谐音"拜拜了"，表示聊天等最后的道别；"520"：我爱你，5月20日渐渐发展形成一个新的"情人节"。

谐音的方式不仅让语言表达更加简便，而且诙谐幽默，富有趣味，深受网民的喜爱。随着社会的变化，更多有趣的谐音化的网络语言被创造出来，并流行于网络世界。

（2）叠词化。叠音词是将相同的音节重叠起来组成的词，叠词可以增强语言的韵律感，读起来朗朗上口，富有音乐美，近年来ABB式和AA式叠音词持续火热。

例如，形容词词性：用"袅袅、匆匆、沙沙"描摹形态、情状和声音；用"漂漂"形容人长得漂亮。

又如，名词词性：用"怕怕"来指害怕，含喜爱或撒娇的意味；"宝宝"

指"我"，女生用来卖萌，可以用到任何氛围协调的语境中。

（3）音节变异。音节是构成语音的最小结构单位，网民可以最大限度地利用语言的表意功能，通过改变音节的声母、韵母和声调，利用音节变异创造出新词汇，既体现了语言的经济性原则，又符合网民在交际过程中求新、求简、求快的心理。

第一，声母韵母变异。即一个词的声母、韵母被替换成新词。例如，"先生"被替换成"先森"，"生"的声母由舌尖后音（sh）换为舌尖前音（s），韵母后鼻韵母（eng）换为前鼻韵母（en）；"孩子"被说成"孩纸"，"子"的声母被舌尖后音"zh"替换了。

第二，声调变异。声调变异是指有些网络中流行的词语通过改变声调创造新词。例如，"过奖"被说成是"果酱"，其声母韵母都没变，只是改变了声调"过"的去声变成了"果"的上声，"奖"的上声变成了"酱"的去声。声调变异的例子还有"大侠（大虾）""睡觉（水饺）""幽默（油墨）"。

第三，音节粘连。连读导致语音变异是指网络中的常用词，每个单字的读音被连着念时的读音替代，音素的减少导致网络用语变异。简单地说，就是用一个字来记录多个字的读音，是把双音节或多音节词语转化为单音节。

例如，造：知（zhi）道（dao）的连读；表："不"和"要"两个音节快速连读而成，强行组合成完整的音节"biao"；酱：这样（zhe yang）音素变异为将（jiang），简单明了地表达了意思，在网络聊天时减少字母的输入。

2. 词汇方面的变异

词汇是最能反映社会现实的维度，词汇系统的变动跟社会的变化紧密相关。网络流行语是在全球经济化、信息化的大背景下应运而生的，因此网络流行语中词汇的减少、增加乃至变异现象都是思维动态、社会文化特征、发展趋势的具体体现。网络流行语的词汇变异，形式上简洁幽默、内容上反映了广大网民在特定文化背景下的心理态度，既是一种语言现象，又是一种社会现象。

（1）缩略法。网民为了快速回复信息，创新性地造出并约定俗成使用缩略词，主要方式是根据常用词、短语取其第一个字母组成简洁的词语，力求用最简单的语言来表达最贴切的含义。缩略是一种传统的构词方法，网络环境赋予其新内涵，具有随意性和简洁性。随意性充分体现了网民的创造力，简洁性则满足信息泛滥传播环境下的高质量交流需求。

第一，汉字缩略。例如，"冷无缺"："冷漠、无理想、信仰缺失"的缩写；"同九年，汝何秀"："同为九年义务教育，你为何如此优秀"的缩读，通常是为某个令人窒息的操作或精彩的回复点赞。

第二，字母缩略。例如，"MM"：妹妹；"RP"：人品；"PMP"：拍马屁；"GF"：Girl Friend（女朋友）。

（2）转义法。新事物的不断出现，使得一大批追求时尚、特立独行的年轻网民将原有词汇转义成新词语，这些词汇是网民们交流时智慧火花的碰撞，感觉轻松，意义也很有效地传达出来。

例如，"可爱"：原义指令人喜爱、讨人喜欢，现义指可怜没人爱；"讨厌"：原义指令人烦恼、惹人心烦，现义指讨人喜欢、百看不厌；"气质"：原义指人相对稳定的个性特点和风格气度，现义指孩子气加神经质。

（3）派生法。一些网络流行语是由旧词派生而来的，旧词新义，即一些旧词被赋予了新的含义，旧词也被赋予了新的生命力，成为网络宠儿。这些词用来形容人，既含蓄又有趣，被网民广泛接受，年轻人更是津津乐道，旧词新义成了网络流行语的温床。

例如，"网虫"：长期泡在网上的人；"菜鸟"：不擅长某方面的人；"粽子"：暗喻网络中的间谍。

（4）符号法。网民创造出的表情符号诙谐幽默、简洁方便、表意丰富，具有很强的象形意义，比普通词汇简洁传神，弥补了无法面对面交流的缺憾，增强了交际效果，使网民有身临其境之感，受到众多网民的喜爱，在网络交际中使用频率极高。

例如，"Zzzzzz"：生动形象地表现睡觉状态；"？-？"：瞪着眼睛充满疑惑，茫然；"：（"或"：-（"：悲伤、难过；"^_^"或"：-)"：微笑、开心、高兴；囧：本义通"炯"，现在形象化为人在窘迫时的一种表情状态，多指"窘"。

3. 语法方面的变异

网民在网络平台进行交流时不会遵循规范的语法规则，究其原因是网络流行语交际具有经济性，有些网民甚至故意偏离原有语法规则来达到交际目的。通常情况下，语法变异包括特殊句式、词类活用、语义变异等形式。

（1）特殊句式。网络流行语中某些句子的语法结构与现实生活中某些句子的语法结构存在明显的区别，这种形式被称为特殊句式。

例如，"××的说"：通常被放在句子末尾，是动词后置的一种用法，其实并无实际意义，只是网民创造出并约定俗成使用的沟通方式，如"今天和谁一起吃饭的说"。"××ing"：英语语法中的现在进行时态，网民常用动词加后缀 ing，表示正在发生的状态或动作，如"林俊杰要来长春开演唱会啦，期待ing"。"××ed"：英语语法中的过去时态，常用来表示已经发生的动作或者过去某一段时间内存在的状态，如"吃饭 ed 是指刚吃完饭"。倒装句：网民出其不意，将某些句子成分前置来突出强调，出现了违反常规语言规范的语言，如"难过死了都""你饭吃了吗""郁闷啊，我现在"。省略句：有些必要成分残缺出现句法错误，如"我今天下午你那里"缺少了谓语"去"，体现了网民追求时尚、便捷。

（2）词类活用。词类活用是古代汉语中非常重要的语法，简单来说就是指某些词只改变了词性，而其他功能并没有发生改变，这一用法比较特殊，常见的有名词活用作形容词、名词活用作动词两种类型。

第一，名词活用作形容词。

杯具：生活中用来盛水的器具，名词"杯具"在网络中摇身一变，被用作形容词"悲剧"，网民常用来调侃生活的不如意。

第二，名词活用作动词。例如，"百度"：本义指百度搜索这个软件，被网友活用作动词后，意为"搜索"；"雷"：本义指雷雨天气云层发出的声响，被活用作动词，有了新含义，是出人意料且令人格外震惊，很无语的意思；"耐心"：本义指有耐性、不厌烦，被活用作动词的基本句型"我这个人做事很慢，你要耐心我了"。

（3）语义变异。语义变异的基本形式包括谐音、排比、夸张、拟人、联想等修辞手法的使用、网络语素的自由组合。例如，"觉主"：常用来形容嗜睡的人；"研究国粹"：打麻将之风日益盛行，被网友调侃为"国粹"。

（三）网络流行语变异的社会性探究

网络时代的变化发展加快了网络流行语的变异速度，本书从语言三要素——语音、词汇、语法三个角度对语言变异现象进行社会性分析。

1. 语音变异的社会性探究

网络流行语中的语音随着网络交际的发展与时俱进，发生变异，具有反映社会风貌的时代特性，语音变异符合语言发展的规律。语音变异主要体现为与标准读音不同的语音形式，是由网络交际形式的创新、交际过程中地域差异、借词的引用造成的。

（1）与网络环境有关。随着网络交流方式的推陈出新，微信语音、朋友圈视频、微博动态、短视频平台等如雨后春笋般快速发展，促使交互性更加紧密；网络新闻及网络文学的导向作用会对网络词汇产生影响，使网络词汇的传播缺乏规范，出现语音错误，这种错误会被网民使用。因此，网络交际的不规范发展是汉字语音变异的外部因素。

（2）与方言变异有关。互联网的快速发展，打破了方言的地域限制和沟通人群，不同阶层、不同地区的人通过网络参与互动，自由发表观点，交流过程中出现误解与歧义，当代盛行的是"以北京语音为标准"的普通话，方言在语音上与普通话有一定差异，方言的口音让人啼笑皆非，网民充分利用方言的谐音创造新词。"老公"演变为"脑公"是因为湖南地区"n"和"l"读音不分，引起了方言变体。

（3）与借词应用有关。在民族融合过程中，民族之间会产生交流碰撞，出现一种语言从另一种语言中"借"词的现象是因为某个民族中的某种物品的名字在另一民族使用的语言中并不存在。借词的形式主要表现为音译外来词和相关字母词，如 CT、MTV，并不是整个词的音译，只是译出其中的某个音节；部分外来词声调、音质和音节上有变化，如拷贝来源于英文单词"Copy"。网民追求新奇与个性，通过应用借词来满足语言创新，在好奇心和求异心的驱使下，运用陌生的语言，在交流中追求新鲜感。

2. 词汇变异的社会性探究

语言来源于社会、植根于社会，词汇实时反映社会生活中的任何细微变化，网络词汇伴随时代的发展推陈出新，词汇变异是由网民群体的构成、网民在交际中追求简约性、社会文化具有多元性造成的。

（1）与网民群体年轻化有关。我国网民以年轻人为主，他们标新立异、与众不同、富有激情和创造力。网络为年轻群体间进行沟通提供了便捷的环境，催化了网络语言变异。网络的隐蔽性、开放性、虚拟性给年轻人提供了创造标新立异语言的条件，他们无视构词的标准、随意删减词汇中的语素、曲解词汇本义，年轻网民用后现代主义表达思想，就是打破原有语言规范标准，随意改变词汇原来的义项，肆意创造词汇。网民群体特有的年轻化属性推动了网络词汇的变异，网民在追求陌生化效应的同时彰显着个人价值。

（2）与网络交际简约性有关。社会生活节奏快，海量信息增大了识别难度，所以简约成为互联网交际的"潜规则"，在网络交际中网民使用缩略、谐音、简化、英汉夹杂等变异词汇，通过简化语言来减少汉字的输入和修改次数，争取用最少的语言符号表达最大的信息量。长句变成一些简短句，通俗简明的文字加快了沟通速度，如初涉网络者被称为"爬虫"，"人艰不拆"是"人生已经如此的艰难，有些事情就不要拆穿"的缩写；在网络语言中运用拼音缩写，省时省力，提高了沟通效率，如"GG——哥哥""MM——美眉"；数字谐音使枯燥的语言更丰富，更诙谐幽默，如"520——我爱你""1798——一起走吧"，充分体现了网民追求高效交际的意识。

（3）与社会文化多元性有关。年轻网民对新兴事物接受速度快，网民将大量的外来词、谐音词、缩略词、英汉混合词应用到语言文字和日常生活中，将其视为交际的时尚，形成了许多语言变异组合。此外，中国香港和中国台湾、韩国、日本、泰国等国家和地区的影视文化也使网络词汇丰富多样，这些都足以说明社会文化的多元性是网络词汇变异的有力推手。

3. 语法变异的社会性探究

网络语言源于现代汉语，又不拘泥于现代汉语的语法规则，形成了语法变异现象，语法变异是由非语言交际手段、社会文化环境、社会意识形态造成的。

（1）与非语言交际手段有关。所谓交际就是人与人之间的交往，两者或两者以上通过约定俗成的符号来传递意见、信息和情感。人们用语言进行有效沟通，以此来传递信息。在这个过程中，人们除了使用语言，也会使用肢体、面部表情等，这些非语言的辅助手段在实际沟通交往中起到重要的作用。在网络社区进行交际时，双方或多方在一般情况下只能看到电脑屏幕上弹跳出的文字，这种缺失非语言辅助手段的话语很容易导致交际的失败。因特殊句式、词类活用、语义变异等形成的幽默形象、生动有趣的网络词汇，在某种程度上起到代替非语言交际手段的作用，成为网络交际中的重要衔接，深受广大网民的欢迎。

（2）与社会文化环境有关。随着现代社会政治经济文化的发展、科学技术的突飞猛进，新事物的萌发与新认知的出现，要求人们用新的表达方式来称呼它们，原有词汇已经不能满足人们的思维需求，促使网民集思广益、推陈出新地创造能表达新事物与新认知的词语，于是网络交际中的词语和表达方式与日俱增。例如，"最美×××"等网络流行语源于社会政治文化的发展。"互联网+""剁手党""创客"等则源于科技的不断进步，给人们的生产生活方式带来巨大转变而合成的新词。

（3）与社会意识形态有关。语言的发展受社会生活的影响，同时语言的发展反映大众的思想、复杂的社会心态和社会主体的观念，表现出语言使用者的心理动态。当代科学技术迅猛发展，社会竞争日趋激烈，人们脑力工作增加，生活节奏加快，需要一处自由的空间来舒缓心理压力、释放压抑情绪。网络流行语是人们社会意识和心理的直接反映，其以诙谐幽默、简洁生动的形式为人们转移焦虑、抒发情感提供了有效途径。网络流行语的使用结构年轻化，以中青年为主，他们思维活跃，具备求趣、求新、求洋、求简的心理特征，他们通过网络流行语来自嘲、讽刺、调侃以达到缓解压力和愉悦自我的作用。例如，"怼"原义是怨恨，在网络交际中指用言语或行动进行反击，从某方面反映了新一代年轻人敢于表达想法。

（四）网络流行语变异的影响

网络流行语本身具有独特性，符合网民的心理特征，变异速度快、使用频率高，对人们的思想和行为产生较大影响。我们应该正确看待网络流行语变异的积极方面和消极方面，取其精华、去其糟粕，从多方面出发，采取有效对策正确引导，长善救失，使网络流行语即使变异也能发挥积极影响。

1. 积极影响

（1）影响大众心理。网络流行语紧紧跟随社会经济发展大潮，是人们思想状况和社会风貌的集中体现，不仅深刻反映出人们关注社会时事、关心国家发展趋势的先进性，还营造了强大的"意见环境"，从而影响社会舆论导向。网民在使用网络词汇时形成的网络文化及被网络文化塑造出的网民社会性，究其根本是对网民生活方式的塑造。作为一种语言符号，网络流行语能够直观、直接反映出当代网民对待思想意识领域及社会变革的态度。

（2）产生经济效益。网络流行语发生变异的同时带动了经济效益。

（3）丰富大众的文化生活。网络流行语的基本存在形态是一种"碎片式文化"，在时代变迁的文化背景下尤为凸显。网民热衷于在网络交际中频繁使用网络流行语，同时，也全面细致地反映出网民的生活状态和生活态度，他们仅追求当前心境的即兴表达，不追求体系的严密宏大。因此，网络语言发生变异不仅丰富了网民的社会文化，还使网民的生活方式更加多样化。

2. 消极影响

有些学者认为网络流行语打破了传统语言结构，添入诸多新兴元素的同时导致错别字泛滥，如"类似了"（累死了）、"泥城"（昵称）、"斑竹"（版主）、"酱紫"（这样子），新生词使传统词汇在潜移默化中被替代，网民的沟通忽视了传统语言的规范性，不利于传统词汇的书写和汉语语法的研究，不利于汉语语言的传承发展。文化评论员陈一舟认为，网络语言对传统语言规则颠覆的背后蕴含着复杂的、丰富的大众情感，与社会现实文化紧密相连，充分体现了网民对社会公平和公共道德的诉求和渴望。

网络环境自由，参与人群广泛，缺乏管理制度，导致人们的社会公共道德日渐没落，一些低俗化的语言大行其道，语言暴力现象也尤为突出。在网络中为了发泄情绪随意谩骂、使用语言暴力恶语中伤他人，是网络流行语低俗化的主要表现形式。这不仅污染了网络环境，还对传统语言和经典文学造成极大的冲击和挑战，整改网络流行语"脏乱差"成了当下最迫切的问题，引导网络流行语的健康发展和树立网民正确的价值观也是当务之急。

二、粉丝用语的变异分析

21世纪以来，又逢互联网技术飞速发展，从早期的聊天室、论坛，到如今的豆瓣小组、微博、微信，逐渐聚集并发展出了数量极其庞大的用户群体。作为年轻的、追逐风尚新潮的"追星族"们，也理所当然名列其中，这也使得追星活动的主战场从线下转移至线上。他们具有十分鲜明的身份标签以区别于普通的网络用户群体，于是从"网络群体"这一整体概念中划分出来，成为"粉丝"群体。符号学家巴赫金认为，群体会产生跟群体相关的意义，最终会出现该社群独有的语言形式或类别。作为一个独立的群体，"粉丝"群体也形成了其专属的语言形式，因互联网是这种语言传播的主要载体，便称之为粉丝用语，如"Xswl""独美"等特殊词汇，若不属于该粉丝团体或不了解其语言模式，就完全不可能理解这些词汇的含义。

从社会语言学的角度来看，语言与社会生活存在共变的关系。粉丝网络用语的出现离不开社会生活方式的改变，从某种程度上说，它就是"互联网+追星"的一种衍生物，如在微博、豆瓣、B 站等社交平台上，粉丝团体大量聚集，他们的特殊语言词汇也在其中广泛传播。另外，粉丝网络用语在互联网中的广泛传播又对我们的日常生活用语产生了深刻影响，即网民所说的"出圈"现象。

粉丝用语，作为社会流行语领域内一个充满活力与创意的独特分支，其产生与发展紧密伴随着互联网技术的飞速进步及粉丝文化的蓬勃兴起。这一语言现象不仅深刻反映了粉丝群体对于偶像的狂热追捧与深厚情感，还在宏观层面展现了语言在社会文化变迁中的动态性与适应性。粉丝用语，以其独特的词汇构造、灵活的语法规则、丰富的表达方式，为现代汉语注入了新的活力，同时也为语言学研究提供了一个观察语言变异与创新的生动窗口。

在这一语言变体中，粉丝们通过创造性的词汇发明、旧词新用、方言与外语的融合等手段，构建了一套交流体系。这些用语不仅承载着粉丝对偶像的喜爱与支持，还成为他们身份认同与群体归属感的重要标志。

因此，深入分析粉丝用语所体现出的语言变异，不仅能够帮助我们更好地理解粉丝文化的内核与运作机制，还能揭示语言如何在特定社群中发生演变，以及这种演变如何反过来影响社群成员的行为模式与思维方式。

（一）相关概念

1. "粉丝"的概念

"粉丝"作为"追星族"称呼的用法，是舶来品，因英语"Fans"的发音酷似"粉丝"，"追星族"们便自发使用"粉丝"作为"Fans"的中文翻译，并在其群体中口口相传，久而久之就形成了新的固定含义。这里的"粉丝"群体，指的是追星族或者狂热崇拜某文化或娱乐明星、艺人的一种群体，在网络中，也可以用来表示某视频或音乐 Up 主、主播、微博博主，甚至是影视剧、综艺节目的支持者。"粉丝"群体大多是年轻人，他们有着蓬勃的激情和潮流的心态。但实际上，追星这种现象自古便存在，古代许多文化名人都有其追随者。汉语文字里也存在表示狂热爱好者、支持者的字词，这个词就是"迷"，如财迷、戏迷、书迷、球迷……学者亨利·詹金斯在《文本盗猎者》中指出，迷是指狂热的介入球类、商业或娱乐活动，迷恋、仰慕或崇拜影视歌星或运动明星的人。由此可以看出，"粉丝"群体与"迷"所包含的群体是一致的。

2. "粉丝"称谓的起源与发展

"粉丝"这一词作为追星的人或群体的词义并不是一开始就存在的，"粉丝"一词在汉语里本是指一种食品的名称，而"追星族"这一词义的兴起则源于 2004 年以来，各类选秀节目开展得如火如荼时。

严格来说，"粉丝"一词也属于粉丝用语，它是英文 Fans 的直接谐音，早期的"追星族"将"粉丝"这个旧词赋予"Fans"的新义来以此自称，在当时具有高度的隐晦性，当然随着它持续地广泛传播，这一词义已经融入了正式汉语之中。在新一代追星族眼中，"饭"这个字已经有取代"粉丝"一词的趋势，他们把自己的圈子称为"饭圈"，偶像利用积攒的粉丝人气进行商业活动被称为"恰饭"。

3. 粉丝用语

粉丝用语是现代汉语的一种变异形式，是粉丝在无语气、语调及肢体辅助的社交情境下，为适应网络交流的特殊语境而形成的语言交流工具。粉丝用语是粉丝群体围绕明星、艺人的话题展开交流互动时所使用的一种特定语言形式。粉丝用语作为社会流行语的一种特殊形式，不仅具有高度的社群认同感和归属感，还融入了更广泛的社会语境中。它们不仅反映了粉丝文化的独特性，还体现了社会文化的多元性和包容性。

粉丝用语和网络流行语是不同的，如"我下了，886"属于一般的网络流行语，绝大多数普通网民也可以很容易理解，但粉丝用语，若不是粉丝群体之中的一员，肯定不明白意思，只有"圈内人"才能一眼看懂其中含义。更有一些词汇在一般网络语言和粉丝语言中都有使用，但其在粉丝群体中表达的是完全不同的含义，如"rs"在网络语言中为"人肉搜索"，而在粉丝网络用语中是"微博热搜"的意思。

（二）粉丝用语的分类

目前对粉丝用语的分类研究并不多，现有研究中的分类标准也没能完全统一，主要按照词汇的语法功能或语义来进行分类。我们认为粉丝用语是现代汉语中一门新兴的社会语言变体形式，对其研究应该更加关注它如何产生与发展的方面，而不应从传统的语词分类角度进行探究。故这里从造词法的角度来探讨其词汇分类。根据马怡璇在《〈现代汉语词典〉（第7版）新增词语造词法研究》一文中所论述的观点，汉语造词法主要有模声法、修辞法、引申法、简缩法、双音法、说明法六种。目前使用频率相对较高的一些粉丝词汇，主要可以将其整理归入模声法、简缩法、修辞法、引申法四类。

1. 模声法

模声法是指模仿某种事物的声音或外语的语言来对其形式进行改造从而创制新词。对于粉丝用语来说，模声法就是指利用语音相同或相似的谐音汉语字词或符号来指代事物。例如，"蒸煮"是"正主"的模声词，是粉丝对自己所喜爱的偶像的爱称。又如，"泥塑"和"整肃"这一对词，是"逆苏"与"正苏"的谐音。"整肃"常用来形容男性偶像具有形象高大、霸气十足、声音富有磁性等优点，而"泥塑"则是把男性偶像幻想成柔弱的女子来疼爱、保护。除了对汉语词汇的模声，还有对外语词汇的模声，如"克里斯马"是英文"Charisma"的直接音译。"Charisma"一词最早在韩国娱乐圈流行，而"克里斯马"是国内粉丝对这一英文单词的韩式发音的模仿，常被用来形容偶像魅力十足。

除了使用汉字注音，如今更为常见的是采用数字符号的中文发音来指代事物。例如，"乱78糟"是指"乱七八糟"，"8言8语"是指"不言不语"。还有用数字指代事物或人名，如"271"指视频播放平台"爱奇艺"，"374""272"分别指代足球明星"桑切斯"和"厄齐尔"。

也有用英文或英文字母注音的，如"Five"发音近似汉语的"废物"，在特定语境下以"Five"表示"废物"。还有"i了"表示"爱了"，意为粉丝开始喜欢某个偶像或对某种行为表示赞赏。也存在用音素创造一种新的单词来模仿某种声音，如在某说唱选秀节目，在歌词中用"Skr"来表示轮胎摩擦地面发出的刺耳声音。又如，"Mua"模拟用力亲吻时发出的声音，表示亲吻与喜爱。

2. 简缩法

简缩法在粉丝用语中应用最为广泛，指缩减语句并将含义浓缩为精简词汇的造字法。简缩词在粉丝用语的词汇中占比非常大，形式也十分多变。有对汉语短语的简缩，也有对外语如英语短语的减缩；有使用拼音全拼对汉语的简缩，也有用拼音首字母的简缩。

在对外语短语的缩写中，关于英文的简缩有"Btw""Jss""Nbcs""op"……对应的全拼分别是"By the Way""Just So So""Nobody Cares""One Pick"……这些缩写的含义大多与短语原义基本一致，上述例子中只有"Op"是需要特殊理解的，意为在一个偶像团体中只喜欢其中的一人。除了英文缩写，也存在对日语的简缩现象，如"Ky"是对日语"空気が読めない"的缩写，意为没眼力，不会判断气氛，常用于指责那些在某个偶像话题下唱反调、不合群的人。"Ky"之所以能作为"空気が読めない"的简缩，是因为这句话的日语发音可以用罗马音表示为"Kuuki Ga Yomenai"，属于用音素对短语进行缩写的一种。

对汉语简缩大体有两种情况。一种是用少数汉字缩写一个短语，如"理性讨论"被缩写成"李涛"（"理讨"的谐音），还有"脂粉"（"职粉"的谐音）是对"职业粉丝"的缩写，代指以粉丝身份作为职业赚钱的人。另一种情况是用汉语拼音的全拼或首拼来缩写汉语短语或词汇。这一类词是粉丝用语中数量最为庞大、使用频率最高的词汇类别。例如，"Nsdd"（你说的对）、"Xswl"（笑死我了）、"Szd"（是真的）、"Gkd"（搞快点）等。

3. 修辞法

修辞法是指运用修辞手法来创造新词，分为比喻式、夸张式、借代式、仿词式等。这种造词法在粉丝用语的创造中不如简缩法和模声法常见，但也确实存在一些这样的词。例如，"宇宙警察""有壁""拖飞机""饭通事故"等。

上述粉丝网络词汇中属于比喻式的是"有壁"，"有壁"即有代沟，是把抽象的沟通障碍比喻为挡在两人之间的墙壁，属于夸张式的有"宇宙警察""拖飞机"。"宇宙警察"是形容一个人多管闲事，无论发生什么事情都要插一手，把这种人称作"宇宙警察"明显带有夸张的色彩。"拖飞机"是指在偶像团体中只有一个人有名气，靠他/她孤身一人带着全队，显然这些都是夸张的说法。至于"饭通事故"则是仿照了"交通事故"一词创造而来，属于仿造式。"饭"也就是粉丝的意思，"饭通事故"意思是偶然、突然地喜欢上了某位明星。

4. 引申法

引申法，是指使用现存的语言材料，通过意义引申的方法来创造新词。这一类粉丝用语同样占比不多，常用的有"走花路""营业""抬轿"等。"走花路"原义是走在铺满鲜花的道路上，后在"饭圈"引申为走美丽、顺利、平坦的道路，即祝愿偶像前程似锦，一帆风顺。"营业"是指偶像有了行程安排、工作安排的意思，由营谋生计这个本义引申而来。"抬轿"本义是给人抬轿子，这里引申为比某位偶像明星更有资历、更大牌的人为其做绿叶，为他做配角。可以看出，粉丝用语词汇中运用引申法的新造词，引申的意义较之其基本义更倾向于泛化和抽象化。

（三）粉丝用语的变异分析

1. "隐语"特征

"隐语"是以社会通用语为基础，以隐义为主要特征的符号体系。它最开始被创造出来，是为一些社团内部成员之间的交流提供语言工具，这些社团为保密或为利益，不愿成员之外的其他人知晓信息的真实含义，故给特定语言形式赋予特定的含义，在内部交流时使用，久而久之便形成了一门"隐语行话"，社会语言学认为这是一种特殊的民俗语言现象。

粉丝用语作为当今时代的"隐语"，是以现代汉语为基础建立的语言符号体系，同样具有晦涩隐义的特征，如"李涛""Skr""U1S1""拖飞机"等词汇，若非"饭圈"人士，就很难理解其真实含义。在如今的互联网信息时代，隐语更具"行话"属性，粉丝用语作为当今的一种"隐语"，在具有隐义特征的同时，也具有开放透明的特点，任何人只要浏览网络信息，或者专门去了解，都可以轻松获取其内容的真实含义。

2. 语言学特征

（1）排他性。社会语言学的观点认为，社会通用语或民族共同语所具有的共通性、民族性是"隐语行话"诞生并得以留存的基础。"隐语"是小众的，只流通于特定的社会群体，迎合了特定群体的内部交流需要，这是"隐语行话"赖以存在的关键因素。

粉丝用语正是具有这样特征的一种小众语言形式。粉丝在交流的过程中，出于方便亮明自己的粉丝身份以区别于其他人群，所以约定俗成地将社会通用语在形式上按照某种规则进行改变重组并赋予特定含义，如此粉丝网络用语便具有了相当程度的排他性，这种现象普遍存在，造就了它的小众性。这种排他性、小众性又正好推动了粉丝自发地参与粉丝网络用语的维护和发展。粉丝网络用语的排他性赋予了这门语言形式特殊的意义，粉丝可以将它作为身份的一种代表和认证，使用该语言几乎就表明了粉丝这一身份，而对粉丝用语的掌握程度也会影响粉丝在圈内的地位和权威，使用的词汇越隐晦、小众，也就越资深，就越具有更大的话语权威。这促使了粉丝服从并模仿甚至钻研粉丝用语，于是便得以推动其进一步地稳固和发展。

（2）"去流行性"。粉丝网络用语的"去流行性"特点，是由其在当今网络和现实社会所拥有的强大物质基础决定的。在互联网用户增量明显放缓，增长红利消失的当下，如何增强用户黏性，深挖既有用户的消费需求，是企业和商家需要探索思考的地方。目前最流行、最有效的方法，是打造 IP，打造私域流量，这本质上就是发展粉丝经济，而其核心正是粉丝本身。粉丝用语也"破圈"走出了网络，被越来越多地运用在了生产和商业活动之中，并迅速扩散到人们的日常生活中，甚至一些词汇用法被收录进《现代汉语词典》，正式地保留了下来。

（3）形象性。粉丝用语的形象性，体现在其把抽象的行为具体化，或者

社会语言学理论与应用发展研究

把个体形象标签化，如"宇宙警察"一词，把喜欢对别人评头论足的人贴上"宇宙警察"的标签，其爱管闲事的特点顿时跃然纸上。粉丝用语的形象性是由交流情境决定的，网络环境下的交流无法传递语气、神态、动作等额外却又极其重要的信息，但粉丝们又具有表达情绪和态度的客观需要，故由其创造出的语言形式便理所当然具有了形象性的特点。

3. 变异现象的社会语言学分析

（1）社会环境因素。作为现代汉语的一种语言变异形式，粉丝用语的产生及发展与社会交流环境的变化有着密切联系。就信息传播来说，如今是互联网新媒体时代，各类社交应用层出不穷，信息平台五花八门。人们日常获取的新闻信息十之八九来自于网络，电视新闻节目因其时效性较网络新媒体要慢，故而作为信息传播的传统优势渠道的地位不再。但由于网络空间的非严肃性，所以大量不规范的网络语言得以在网络空间这片沃土上野蛮生长。同时互联网对信息传播又具有简洁、高效的要求，这就进一步催生了语言变异现象的产生，不仅是汉语在互联网中会发生变异，其他语言如英语、日语，也普遍存在这样的现象。

除此之外，粉丝经济大行其道，无论是超级 IP 还是直播带货，其背后的基本逻辑都是对粉丝消费欲望的深度挖掘，想要对粉丝经济进行商业变现，自然得迎合粉丝的行为习惯，这其中就包括了他们的语言形式，越来越多商家和平台在其宣传广告中使用粉丝用语，从而进一步推动了粉丝用语的传播和发展。粉丝用语作为社会流行语的一种，正是在此环境中完成了对现代汉语的变异。

（2）粉丝群体因素。巴赫金认为，群体必然会催生群体内部语言。作为我国网民中数量比庞大的粉丝群体，在他们内部的交流中，就必然会逐渐产生以现代汉语为根基的，唯有内部成员才能知晓含义的特殊语言表达形式。随着网络技术的发展与粉丝群体的更新迭代，如今的词汇用语较之早期的更加隐秘，更晦涩难懂，更具专属属性，这迎合了他们寻求独特身份标签和内部话语权的心理诉求，用粉丝用语来说，此现象可称为"圈地自萌"。粉丝用语之于他们，就如奢侈品上的标签，他们以此作为区分于其他群体的专属标识，主动自觉地维护并发展这一特殊语言形式。如此，便又进一步推动了社会流行语在网络上的变异现象。

（四）粉丝用语的社会影响

语言既是一种认知现象，又是一种社会现象，它可以引起人类探究的兴趣，因而产生了知识诉求。世界上任何一种语言从诞生开始，就完全融入了创造它的社会，不能再把它视为一个孤零零的个别现象来研究，它与社会现实始终发生着交互作用，随着社会的发展而不断演变。社会语言学认为，语言的发展会受到社会现实的影响和制约，虽然语言内部本身具有一定的规范和法则，但新的社会情境会使语言突破规则的限制而满足自身的交流需要。

现阶段粉丝文化还未能融入主流文化，所以粉丝用语具有边缘化的特点，但粉丝用语作为一种社会语言变体，是为了满足粉丝信息交换的需求，因而它具有十分庞大的使用者基数和增量，在线上和线下都受到了广泛的传播，同时也对社会文化产生了重要的反向影响。

1. 网络粉丝用语的社会传播

（1）周期传播模式。就粉丝用语来说，周期传播模式是指一个原本就存在的词汇用法，经过明星的使用，而后扩散到其粉丝受众之中，最后在粉丝群体的全体成员之间传播并被广泛接受，这才能被吸收成为粉丝用语的一部分。例如，"Skr"一词，原本是一个拟声词，表示轮胎摩擦地面发出的刺耳响声，之后经过明星的使用，开始受到其粉丝的争相模仿，而后又逐渐扩散到其他粉丝群体，因其具有较高的娱乐性，且在传播过程中发展出了多种有趣用法，所以被大家广泛接受，最后正式成为固定的粉丝用语。相似的还有

"打 Call""Freestyle""Diss"等词汇，这类词在成为"网络爆款"之前就拥有自己的意义，流行之后逐步发展出更多、更符合粉丝网络交流需要的用法，如此才最终成为粉丝用语，这便是周期传播的典型模式。

（2）互动扩散模式。这一模式的典型代表有"李涛""Nsdd""Jms"等。在明星"超级话题"或豆瓣小组如"鹅组"里聚集着许多粉丝用户，他们积极地参与关于偶像话题的群体讨论，在交流互动中，为了方便且迅速地表达，常采用缩写的形式来组织语言发帖，经过频繁的互动，这种简缩的表达形式逐渐被粉丝群体广泛地接受与模仿，久而久之便形成了群体共识，这些简缩词语开始作为固定的书写形式在网络中传播扩散。

2. 粉丝网络语言对社会语言文化的影响

（1）对现代汉语言的影响。一方面，粉丝用语对现代汉语言的发展有着积极的作用，如可以增加汉语言的趣味性，在进行人际交往时，人们习惯通过声调、手势、表情、眼神等方式表达自己的思想和心情，促进交流的顺畅进行。形式多样、充满趣味性的粉丝语言弥补了非面对面聊天的情感缺失，它的出现和使用拉近了交流的距离，甚至可以取代肢体动作等非语言特征，如"萌萌哒"让人自然联想到的是对方甜美可爱的形象，通过"宇宙警察"可以轻松领会对方爱管闲事的特性。另外，粉丝语言也丰富了汉语言的表达形式，它通过使用谐音、简缩、仿拟等修辞手法，丰富了汉语言文字的语句、语法、词汇和表达方式。

另一方面，粉丝语言给现代汉语言的规范性带来了消极影响，粉丝用语中存在着许多问题，如存在庸俗不雅等低俗的词汇用语，这种语言低俗化的现象很大程度上是由网络空间的隐匿性导致的，这是一种"病态"的发展方向，是粉丝用语的退化。其低俗浅薄的含义、简陋空洞的内容、恶浊腐朽的价值体现都是对汉语言规范性和真实性的破坏。

（2）对社会文化的影响。一方面，粉丝用语中的一些语言有助于引导粉丝群体树立正确的价值观，如"走花路"一词，寓意祝愿人们一帆风顺、前程似锦，能够给人带来一种朝气蓬勃、积极向上的情绪感受，鼓励大家积极面对生活。又如，"李涛"能提醒人们看待问题、谈论问题时保持理性；"独美"在一定程度上具有独立自强的意思，有助于引导青少年形成独立自主的心理倾向。

另一方面，粉丝网络语言中的一些暴力、低俗成分又对人们的心理健康产生消极影响。例如，"有壁"等这些词语，虽然形象生动，但正是其过于夸张、形象的表达，使其附带上了一种过度的激烈情绪，这种激烈的情绪往往会引起对方的强烈反应，稍有不慎便极有可能失控，构成网络暴力行为。另外，一些词汇也冲击着社会的主流价值观。

（五）结语

当下的社会，粉丝经济大行其道，在互联网的加持下，不仅在文娱体育领域广泛参与，甚至对制造业有也着巨大的影响，如苹果公司的"果粉"、华为手机的"花粉"。粉丝经济对社会生产生活的影响无疑是巨大的，而经济基础决定上层建筑，粉丝语言与文化对传统的规范语言文化的发展也必定会产生重要的影响。因此，研究粉丝语言以期更好地把握现代汉语发展演变的方向与规律，同时也能为处理粉丝语言与规范汉语言文字的关系提供依据，有助于促进汉语言的健康发展。

从语言学研究的角度来看，粉丝用语是现代汉语的一种新兴社会语言变体形式。黑格尔认为"存在即合理"，作为这一历史时期出现的一种语言变体，它有其存在的意义与价值，作为研究者应当对其进行研究解释和分类整理以理解其规律，记录其特点，供后人从中了解当时的社会经济文化生活面貌。此外，从粉丝用语的使用者来看，青少年是其中的绝对主体，基本形成了以粉丝语言为主要表现形式的青少年亚文化。研究粉丝语言不仅可以了解粉丝群体的文化特点，还能帮助研究者深入探索青少年的心理特点，对青少年的教育引导做出启发。

总之，粉丝用语已经具有了极大的社会影响且还在快速发展中，我们应清醒地认识到，它只是汉语在互联网浪潮冲击下的一个历史性产物，是当今诸多语言现象中的一种，在当下有着重要影响，但绝非是汉语未来发展的主流方向。

三、视频弹幕语言的变异分析

在互联网与自媒体飞速发展的大环境下，弹幕语言出现了。作为一种新兴的社会流行语，它是当下网络社交的一种特殊形式，是新时代网络文化发展的特定产物，有着自己独有的语言特征。

视频弹幕从日本流入中国，是一种比较直观的语言文字。语言和文化是密不可分的，视频弹幕的出现与社会的发展和文化环境的变化等密切相关。从社会语言学视角探析视频弹幕语言，就是要发掘视频弹幕语言背后所蕴含的文化。

（一）弹幕语言的起源与演变

1. 弹幕语言的起源

"弹幕"一词来自军事领域，是指在军事作战中像子弹一样密集的炮火不断发射，形成了一块巨大的子弹幕布。后来"弹幕"的词义得到了拓展，用来指在视频播放过程中，各种评论文字叠在一起从屏幕上划过，如同弹幕射击游戏中需要玩家躲避的低速弹丸一般充斥整个屏幕，这种现象被网民称作"弹幕"。

海外的 YouTube 是最早的视频网站，在它的影响之下，衍生出了一个名叫 Niconico 的日本动画网站。在这个网站上，用户可以根据自己的需求，自由地选择弹幕字体的大小、颜色和动态效果，对当下视频的内容进行及时的回应反馈，与观众及时分享自己的感受。

随着互联网的飞速发展和通信技术的提高，人们已经可以打破地域的限制，文化交流日益频繁。弹幕正是在这样的环境下进入中国的，早期的弹幕都是集中于动漫、游戏、漫画及其衍生的二创视频，即作者通过对互联网视频资源的加工、剪辑、提取等方式所形成的短视频。一些敢于模仿 Niconico 网站的先行者开始尝试在国内进行网站的运营。他们在 2007 年引进了弹幕技术，先后成立了 A 站（AcFun 弹幕视频网站）、B 站（哔哩哔哩弹幕网）。开发者在意识到片面的发展无法维持网站的运营和满足用户的个性化需求后，迅速转变运营方式，购买影视剧的版权以扩大受众群体，弹幕语言的使用开始被大家关注。从 2012 年开始，爱奇艺、优酷、腾讯等众多主流视频网站都添加了弹幕功能，后续推出的以抖音和快手为代表的短视频平台也都开放了弹幕设置，这标志着"弹幕"一词正式走进大众视野。

2. 弹幕语言的演变

（1）弹幕语言的移植。我国弹幕语言处于发展的初期阶段时，用户只是简单地复制移植，大部分用户受外来文化的影响，主动学习日本的弹幕方式，语言充满日语效果。

后来随着受众群体不断扩大，单纯使用日语的弹幕也随之减少，更多的是使用翻译后的词汇。例如，在游戏"Fate/Stay Night"中出现的词语"黑化"的本义是指角色被不好的东西污染后产生的变化，后来引申为"性情大变"的代名词，被用户用来形容一个曾经心地善良的人在经历各种不公正的对待之后，逐渐失去本心，不再同以前一样纯粹。

（2）弹幕语言的本土化。用户不断对弹幕进行中式的更迭创新，并与我国特有的语言体系形成相互影响、相互渗透的新语言。目前，我国的弹幕用户积极地参与弹幕的创作，并将弹幕与传统的中国元素相融合，弹幕语言在中国已经焕然一新了。

一方面，弹幕语言中频繁出现中国的流行音乐歌词和中国传统的诗句，这是一种文化自信。例如，在宣传文化的视频中纷纷引用古诗名句，在山东的宣传视频中网友纷纷刷出"岱宗夫如何，齐鲁青未了""四面荷花三面柳，一城山色半城湖""清湖净水纤腰柳，倒影千佛日月明"等无数形容山东美景的古诗名句。弹幕经过中国本土化润色之后，其内容被最大程度地进行了丰富与填充，并且散发着中国式的语言魅力，正在实现反向的文化传播。目前已经有不少带着弹幕的视频被翻译为英语后，发到 YouTube 上便于外国人观看，这已经引起了外国人的注意。

另一方面，弹幕语言不再是传统的仅依靠外国的梗文化进行输出了，它与中国民众的现实生活贴得更近，显得更加真实又亲切。网络上出现的各种梗都可能出现在弹幕中。例如，"乌拉"是俄语"Ypa"的音译，没有具体的含义，在国内一般理解为"万岁"，多用于表达激动的心情。在聚餐喝酒的视频中可以发一句"乌拉"、考试过了的视频中为了赞扬可以发送"乌拉"、游戏胜利的视频中也可以发"乌拉"。在弹幕语言的使用中，任何强烈的情感都可以用"乌拉"来表达。由此可见，中国视频网站中的弹幕正在进行本土化的转变，在未来它还会与中国民众的生活实现更加贴合的反馈效果。

（二）视频弹幕语言的文化特征

1. 语境特征

语境指使用语言的环境，语言所表达的含义与产生的效果都在语境的基础上，一般语言都受到内部和外部语境的双重影响。

（1）语言语境。视频弹幕的语言语境通常以视频内容为主，视频弹幕的语言生成是以视频内容为背景在一定的范围中产生的。也就是说，即使视频弹幕具有很大的随意性，但也是以视频内容为基础产生或是在内容基础上用户进行二度创作中产生的。每个视频节点上的弹幕都有独特的语义空间，所以也就要求视频弹幕具有一定的固定性，大部分视频弹幕只产生于固定的节点，一旦离开或错过，视频弹幕的意义也会不同，甚至造成词不达意。

受到语境影响的弹幕适用范围也相对狭窄，这一部分也是在视频弹幕语言系统性分析中易于忽视的部分，对于该类视频弹幕，将从一个具体视频的弹幕语料对语言语境进行分析。

图 3-1 是一首歌曲视频的弹幕截图，这首歌是黄晓明翻唱的"One World One Dream"，该视频在 B 站上有 2032.9 万次的播放量，22.4 万条视频弹幕，3.2 万条用户评论，是典型的弹幕视频。表 3-1 是对该视频高潮节点出现频率比较高的弹幕进行统计的结果。

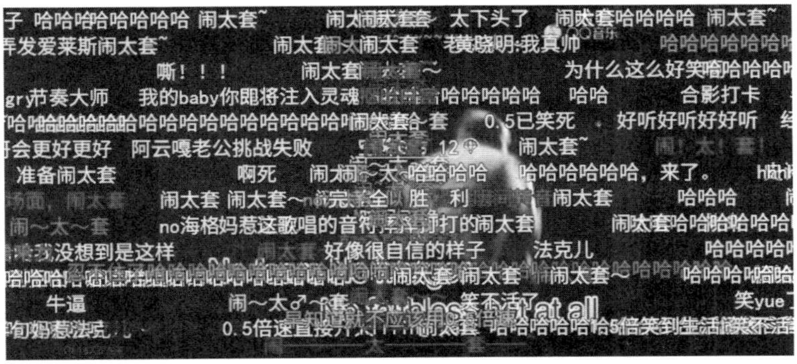

图 3-1　"One World One Dream" 视频的弹幕截图

资料来源：笔者整理。

表 3-1　"One World One Dream" 典型弹幕频率统计

弹幕内容	弹幕类型	出现次数（次）
闹太套（Not At All）	符合视频内容语境	127
敞开熊汤（敞开胸腔）	符合视频内容语境	83
糖土盖着（Come Together）	符合视频内容语境	76
高能（前方高能、高能预警）	赋义类	68

续表

弹幕内容	弹幕类型	出现次数（次）
hhh（哈哈哈）	字母谐音类	73
上头	赋义类	58
有毒	赋义类	32
666	数字类	8

资料来源：笔者整理。

除表 3-1 所列举的弹幕外，还有"开口跪""蜜汁自信""笑裂了""散装英语""死亡转音"等弹幕，因出现频率不高就不进行全面列举。

通过表 3-1 不难得出结论，视频弹幕的生成一定程度上是受视频语境影响的，出现频率最高的都是根据具体的视频内容所生成且具有固定性，"闹太套"这条弹幕出现 127 次，因为该视频演唱者黄晓明演唱英文歌发音不标准所以针对其发调侃类弹幕出现的频率最高。

（2）交际语境。根据交际语境的类别分别从语言主体的心理世界、社交世界、物理世界三个方面阐述弹幕的交际语境。

第一，心理世界。心理世界包括认知和情感因素，如交际主体的个性、情感、欲望和意图。青少年人群是视频弹幕的主要发出者和接收者，这类人群对新事物十分敏感，能较为快速地接受并使用，代表着社会群体的活力和创造力，对新事物充满热情和渴望，虽然想要发出自己的声音但是缺乏话语权。与此同时，这类人群的压力较大、来源复杂，承受着来自学校、家庭、社会等各个方面的压力。这类人群具有激情和活力的同时也存在着压力，他们渴望宣泄、期待沟通，需要通过一个与现实分离的虚拟空间来释放自己的心里世界。

第二，社交世界。社交世界是指社会情境、社会文化和文化背景，社交世界包括约束人们言语行为的规则和规范。A 站和 B 站（现今中国青年群体高度聚集的社交中心和视频平台）是我国弹幕文化、二次元文化的起源地，众多动画、漫画、游戏的爱好者聚集于此。在这里他们对漫画的喜爱可以被接受，他们表达的情感可以受到回应，视频弹幕不仅是他们表达想法、宣泄情绪的渠道，还是他们寻求知己、得到认可的方式。他们在相似的群体中寻求认可，从而形成了一个独特的文化社区。

第三，物理世界。物理世界主要是时空要素，即时间和空间。首先是时间因素，绝大部分用于交际的网络媒介都是以时间为基准线性排列。弹幕多以视频播放中的时间为轴，在某一个时间点发出，使观众沉浸其中忽略物理时间。弹幕在视频中的显示状态，没有其生成的时间，也并非按照时间顺序排列，而是嵌入视频中集中显示。从空间要素来看，视频弹幕在空间上是交叉的，营造一种多人同时观看、同时发声、虚拟在场的观影体验，创造空间的错觉，使人有一种空间共享的感受。

2. 言语特征

言语特征泛指一种言语区别于其他言语的风格特点。语言特点形成的基础就是文化背景和情境的不同，使被选用的交流方式存在差异。

（1）口语性。视频弹幕用语是一种具有特殊形式的网络语言。视频弹幕是一种基于网络的、非正式交流使用的语言，这使它具有口语化的特征。在词汇方面，在实际的使用中，单音节词具有较大优势；拟声、语气、叹词等词类使用频率高，连词使用少，体现出口语化特征。从句法上来说，弹幕的语句通常比较简短，多为单句。感叹句、省略句等句式占优势，这也体现出其口语化的特征。

（2）互动性。语言的社会功能包括信息传递和人际互动功能。语言承载着人们的交际，也是重要的思维工具，发声是为了表达自己、与人沟通，发声所用的语言则是表达思想、进行交流的工具。视频弹幕的发出也是观众同其他观看此视频的人们进行沟通和互动的手段。用户通过弹幕话语表达自己的想法、态度和情绪，希望能够得到其他观众的反馈。

（3）夸张性。视频弹幕使用的语言往往具有夸张性。当人们遇见五音不全的唱歌视频，弹幕中会出现"耳机党瞬间死亡""这歌声直刺灵魂"来表达歌声的难听。夸张的语言往往会立即引起听众们的注意。弹幕发出者会突出他/她想要表达的情感和态度，或者他/她希望听众聚焦于他们的表达，因此通常使用夸张的语言来放大被描述的内容。

（4）娱乐性。人们观看视频、发送弹幕都是为了娱乐休闲。故人们通过视频弹幕互动时，通常较为随意，同时，由于弹幕文化社区独特的环境氛围使弹幕用语的娱乐性得到尽情体现。但同样因为用户放松的心态，大多数弹幕的发出都是为了满足自我娱乐的需求，这就使得多数弹幕语言十分随意并没有遵从合作原则。

（三）视频弹幕语言的文化影响

首先，视频弹幕使得更多汉语词汇出现在生活中。例如，"永远的神"是形容某人在某一方面特别突出；"蚌埠住了"即"绷不住了"的谐音，形容情感上受到了较大冲击，快要撑不住了要哭/要笑了等。由谐音而来的词汇还有"夺笋""集美"等。这些词汇都是产生于视频弹幕但是得到了广泛的应用和传播，逐渐成为一类具有代表性的社区语言出现在生活中。

其次，视频弹幕赋予了词汇更多词义，弹幕的语境顺应性，使弹幕在语境作用下，有了更多语义，如"投币""空降"等词。同时，弹幕在形成的过程中也在拓展着语言。视频弹幕的发展，不仅丰富了社会流行语，还创造了一种娱乐化的方式来表达情感。

最后，促进文化多样性与包容性。视频弹幕语言的一大特点是其高度的创造性和灵活性。用户通过文字、表情符号、特殊字符等，创造出大量具有特定含义的"梗"，这些元素往往融合了流行文化、亚文化、地域文化等多种元素，促进了文化的多样性和包容性。例如，动漫迷们会用角色名或剧情梗来互动，这些独特的语言符号不仅加深了同好之间的交流，还使有不同文化背景的观众产生共鸣，促进了跨文化的理解和尊重。

第三节　网络舆情语言

随着互联网技术的飞速发展和社交媒体的普及，网络舆情语言已成为现代社会中一种独特的语言现象。它不仅反映了公众对某一事件、政策或社会现象的态度和看法，还体现了语言在社会环境中的变异和发展。

我国古代很早就有了舆情的思想，"舆情"在《辞源》中被解释为"民众的意愿"。据文字记载，最早在唐朝时期就出现了"舆情"一词。"舆情"的基本含义为"民众的情绪、意愿、态度和意见等"。

在西方，有关"舆情"的概念最早出现在 18 世纪，卢梭在 1762 年出版的《社会契约论》中，首次将"公众"与"意见"组合成一个概念，即"舆论"（Public Opinion）。1922 年，美国新闻评论专栏作家李普曼在《舆论学》中，最早给舆论下了相关定义。国外关于舆情的研究大致可分为以下两个阶段：第一个阶段是 19 世纪中期到 20 世纪初，这个时期的"舆情"研究侧重于对"舆情"的社会学及社会心理学研究。第二个阶段是 20 世纪初至 20 世纪中期，这一时期舆论研究逐渐向本体阶段过渡，形成了集体行为和社会心理研究、态度和意见研究、政治行为与大众传播研究并举的局面。国外的研究内容主要集中在网络舆论监测分析和传播演化两个方面。

一、概念梳理

在这里，我们对"舆情""网络舆情""网络舆情语言"的概念进行了梳理，能更好地看出网络舆情语言概念的来源。

（一）舆情

《说文解字》卷十四车部："舆，车舆也。从车舁声。""舆"字始见于战国，它本义是指车厢，后来又指车、轿子。"舆情"一词早在《旧唐书》中就已出现，本义是指百姓的情感、态度及艰苦。舆论是人们声音的集合，也可以这样说：人们的声音是构建舆论的基础，如果没有人们的声音，就不存在舆论。从传统的社会学理论上来看，舆情是人民意愿的一种综合性反映。从比较严格的意义上来看，舆情不仅是对民意一般规律的总结，还是对执政会话者起作用并影响其执政会话决策的民意。舆情是发生事情时的群体社会态度的聚合，是听话者对于某事件或某观点的看法而形成的普遍言论。

（二）网络舆情

曾润喜研究员（2011）提出了如何给网络舆情下定义的问题，指出"舆情"连在一起，应该有两种常用理解：老百姓的情况（信息）和情绪（意愿）。在舆情定义中，五个重要的焦点应该被重视，即谁的舆情、什么样的舆情、舆情的存在或表征方式、舆情可见还是不可见，以及舆情、民意、舆论的区分。网络舆情是一种由多种因素引发的复杂情绪，它是人们对某一事件的看法、态度、情绪及行动的综合反映。

（三）网络舆情语言

2007年，刘毅的《网络舆情研究概论》是我国第一本关于网络舆情的专著。刘毅将舆情定义如下：由个人及各种社会群体构成的公众，在一定的历史阶段和社会空间内，对自己关心或与自身利益紧密相关的各种公共事务所持有的多种情绪、意愿、态度和意见交错的总和。网络舆情其实就是在舆情概念基础上，延展至利用网络渠道而表达情绪意见，其定义如下：网络舆情是通过互联网表达和传播的各种不同情绪、态度和意见交错的总和。

二、国内研究

网络舆情语言是网络社会中的一种语言现象。网络舆情语言的产生离不开互联网的飞速发展及其对社会生活的渗透，与此同时，良好的舆情语言有利于舆情事件的传播，反之则不利于舆情的发展。

网络舆情语言的产生与发展，离不开特定的网络舆情事件。对同一网络舆情事件，不同语言使用者的看法也不尽相同，语言使用者往往会选择不同的语言符号来表达观点。因此，如果想要更好地了解网络舆情语言的使用情况，就需要对网络舆情进行监测和研究。杨江和侯敏（2010）不仅对语言文字舆情做了简要论述，还在定义语言文字舆情概念的同时，说明语言文字舆情的构成要素及语言文字舆情信息特点，提出了语言文字舆情监测系统方案。王铁琨（2010）提出，我国应建立大规模动态流通语料库，既进行资源建设又进行理论研究，今后还应加强语言资源有声数据库的建设。刘靖文和张挺（2011）指出通过语言舆情监测，一方面可以及时了解社会语言生活舆情动态，思考语言政策；另一方面也能促进政府、专家、公众之间的沟通，为构建和谐语言生活服务。张挺和魏晖（2011）通过对2011年到2012年网络舆情的热点研究，指出了多元化背景下的文化博弈、网络公民社会、网民心态三个方面是语言文字舆情事件的发生机制。侯敏和杨尔弘（2015）从机构与资源、实践与成果、理论与技术、语言服务四个方面简要介绍中国语言监测研究的状况。梳理上述研究成果，可以发现网络舆情语言的监测研究大多集中在网络舆情语言的重要性、网络语言监测系统的建立、网络舆情语言监测中的问题及对策等几个方面。

三、网络舆情语言的特征

网络舆情语言，作为互联网时代信息传播与公众情绪表达的重要载体，其特点鲜明且复杂多变，深刻反映了社会文化的变迁、技术发展的影响及公众心理的动态。

（一）自由性

随着互联网的普及，公共空间得到了极大的扩展，人们可以通过多种平台发布信息表达自己的观点，使民意更加便捷地传播出去。同时，由于互联网没有高度的署名性，所以用户会更加放心地在网络上表达自己对网络舆情事件的看法。具体体现为以下三点：

1. 传播方式的转变

互联网打破了传统媒介"一对多"的传播模式，转变为"多对多"的交互方式。这种转变使得每个人都成为信息的发布者和接收者，极大地提升了公众的话语权。

2. 匿名性与真实性并存

互联网的匿名性为网民提供了相对安全的表达空间，使得他们在表达观点时更加真实、直接。

3. 自由性的"双刃剑"效应

（1）积极方面。促进信息公开与透明。

（2）消极方面。谣言与虚假信息的传播：不仅扰乱了公共秩序，还损害了相关方的名誉和利益。网络暴力与情绪化表达：在自由表达的过程中，部分网民容易陷入情绪化，发表攻击性、侮辱性的言论，形成网络暴力。误导公众认知：部分不负责任的言论可能误导公众对事件的认知，影响社会稳定与和谐。

（二）交互性

在网络环境中，网络用户对网络环境的参与性较强。随着社交媒体的普及，网民们可以在一个话题上进行深入的讨论，就不同的观点进行交流，从而形成一种新的文化氛围，激起一场激烈的辩论、争论和争锋。通过网络上的实时互动，不同的观点和想法可以迅速传播，并且可以进行更深入的讨论，网络舆情能够更加集中地反映会话者的观念、情绪、心态。

1. 实时互动与反馈

网络舆情的交互性最先体现在信息的实时互动与反馈上。在传统媒体时代，信息传播往往是单向的，受众很难及时反馈自己的观点。在网络时代，任何一条信息的发布都可能迅速引发大量网民的关注和讨论。例如，某品牌在社交媒体上发布了一款新产品的广告，很快就会有用户在评论区留言，表达自己对产品的看法，或是提出改进建议。这种实时的互动使得品牌方能够迅速获得市场反馈，调整营销策略。

2. 意见交流与碰撞

网络舆情的交互性还表现在不同意见的交流与碰撞上。网络为公众提供了一个自由表达观点的平台，不同背景的网民可以就同一事件或话题发表自己的看法。例如，在某热门电影上映后，网络上会出现大量的影评和讨论。有些观众可能对电影的剧情、演技或导演的处理方式赞不绝口，有些观众则可能持批评态度，指出电影中的不足。这种多元化的意见交流有助于形成更加全面、客观的评价。

3. 情感共鸣与认同构建

网络舆情语言的交互性还能促进情感共鸣和认同构建。在网络讨论中，人们往往会因为共同的观点或经历而产生情感共鸣，进而形成某种群体认同。例如，在抗击新冠肺炎疫情期间，许多网民在社交媒体上分享自己的经历，表达对医护人员的敬意。这种情感共鸣不仅增强了社会的凝聚力，还使人们更加团结一致地面对困难。

（三）偏差性

因为受到多种主观、客观因素的制约，有的人在网上评论时不够理智，较为感性、情绪化，有的人更是以网络为宣泄情感的地方，这种情绪会随着人群的扩散而扩散，最终演变成负面的声音。

1. 群体极化导致的偏差

在网络舆情中，群体极化现象十分明显。当某一话题或事件在网络上引发热议时，持不同观点的群体会迅速形成对立面，双方的言论都会在网络空间上找到共鸣的群体。这种"群体极化"现象加剧了矛盾双方的差异，使得舆情走向两极化。

2. 集体无意识影响下的偏差

集体无意识是网络舆情偏差的另一个重要原因。在网络空间中，特别是面对突发舆情时，网民很容易受到群体情绪的影响，从而失去独立思考和判断的能力。例如，在某些网络谣言的传播过程中，许多网民在未经核实的情况下就盲目转发和评论，导致谣言迅速扩散。这种行为反映了集体无意识对网络舆情语言的偏差性影响。当个体处于群体之中时，他们往往会受到群体压力的影响，从而倾向于复制、执行群体的行为规范，包括语言表达和观点倾向。

3. 信息碎片化导致的认知偏差

在网络时代，信息传播的速度极快，但很多时候信息是以碎片化的形式呈现的。这种碎片化信息往往只展示了事件的某一方面或片段，导致网民对事件的整体认知出现偏差。例如，在事件的报道中，如果媒体只关注事件的某个细节或角度，而忽略了其他重要因素，那么网民在接收这些信息时就很容易产生误解或偏见。这种由信息碎片化导致的认知偏差在网络舆情中十分常见。

（四）突发性

网络舆情的形成非常迅速，一个热点的出现、一个情绪激动的言论，都有可能引发整个舆情的爆发。一旦有新的事件出现，网友就能在网上即时表达自己的观点，个人观点也能很快聚集在一起，形成公众舆论。不同渠道的舆论也能很快地相互影响，形成强有力的舆论影响力。

1. 短时间内爆发式传播

网络舆情语言的突发性首先表现在信息的快速传播上。在互联网时代，特别是随着社交媒体的普及，一条信息可能在几分钟或几小时内被数万人甚至数百万人看到。这种传播速度是传统媒体时代无法达到的。

2. 影响范围广泛

突发性的网络舆情往往不仅局限于某一地区或某一群体，还能够迅速跨越地域和文化的界限，影响全国乃至全球的公众。

3. 情感化强烈

突发性的网络舆情往往伴随着强烈的情感色彩。由于这些事件往往涉及公众的切身利益或价值观，因此容易引发公众的愤怒、悲伤、恐慌等强烈的情感。

我们也要认识到网络带来的负面影响。例如，有些网友利用网络传播谣言，暴露个人隐私，进行偏激和不合理的辱骂和人身攻击。网络舆论对社会的持续有序发展，对维护社会的和谐稳定起到了很大的作用。在新的环境下，要加强对民意的分析，做到对民意的正确把握，并对民意进行正确的引导。作为一种新的媒介，互联网不仅是一个话题，还是一个严峻的挑战。

四、网络舆情语言的传播

网络舆情语言的传播是一个复杂且动态的过程，它始于信息的产生，这些信息可能来源于社交媒体、新闻网站、个人博客、论坛等多种渠道。随后，这些信息通过各种网络媒介，如社交媒体平台、新闻媒体、网络论坛和博客等，迅速传播到广泛的受众中。在传播过程中，网络舆情语言具有迅速性、多样性、互动性和情绪化等特点，这使得舆情信息能够在短时间内迅速扩散，并引发公众的广泛关注和讨论。网络舆情语言的传播旨在形成特定的舆论氛围，影响公众的看法和态度，甚至对社会产生深远的影响。

（一）传播特点

1. 迅速发酵、几何分裂

方便的舆情沟通渠道和快速的舆情沟通速度使得网上舆情传播很容易发酵，信息传达呈现几何级分裂。在信息化时代背景下，网络舆情语言的传播展现出了前所未有的活力与影响力。其中，方便的舆情沟通渠道与快速的舆情沟通速度成为推动网络舆情传播发酵的关键因素，使得信息传达呈现出几何级的分裂态势。这一特点不仅深刻改变了信息传播的方式，还对社会舆论的形成与演变产生了深远影响。

方便的舆情沟通渠道，如社交媒体、新闻网站、论坛等，以其门槛低、开放性强、互动性强等特点，为网络舆情的迅速传播提供了可能。任何个体或群体都能以极低的成本，通过这些渠道迅速发布和传播信息，形成强大的舆情声势。

快速的舆情沟通速度进一步加剧了网络舆情的传播发酵。在互联网时代，信息传播的速度惊人，一条信息可能在几分钟内传遍全球，引发广泛关注。这种速度使得网络舆情能够在短时间内迅速升温，形成强大的社会影响力。

当方便的舆情沟通渠道与快速的舆情沟通速度相结合时，网络舆情传播呈现出更为复杂的几何级分裂态势。不同网民对同一事件或话题的看法和态度各异，形成多种不同的观点和看法。这些观点和看法又可能进一步引发更多的讨论和争议，使得舆情的发展变化更加难以预测和把控。

因此，在面对网络舆情时，我们不仅需要充分认识到其传播发酵的影响力和挑战性，还要积极采取措施应对和引导舆情发展，以维护社会稳定和公共利益。

2. 传播指向明确

在信息化时代背景下，网络舆情语言的传播不仅速度惊人，而且其传播内容和方式也呈现出新的特点。其中，媒体努力迎合网民的口味，再加上网络的匿名性和隐蔽性，使得网上舆情的传播指向明确，泛娱乐传播趋势明显。这一特点不仅深刻影响了网络舆情的发展走向，还对社会舆论的形成与演变产生了重要影响。

媒体作为信息传播的重要渠道，其在网络舆情传播中扮演着至关重要的角色。为了吸引更多网民关注和参与，媒体往往会努力迎合网民的口味，选择那些能够引发网民共鸣和兴趣的话题进行报道和传播。这种迎合网民口味的做法，使得网上舆情的传播指向更加明确，往往能够迅速形成强大的社会舆论压力。

同时，网络的匿名性和隐蔽性也为网上舆情的传播提供了便利。在网络的掩护下，网民可以更加自由地表达自己的观点和看法，而不用担心身份暴露或现实生活受到影响。这种匿名性和隐蔽性使得网民在参与网络舆情传播时更加大胆和直接，进一步推动网上舆情的发酵和扩散。

3. 泛娱乐化趋势

网上舆情的传播往往呈现出明显的泛娱乐化趋势。一些原本严肃的社会话题或事件，在经过网络的传播和发酵后，往往被赋予更多的娱乐元素和轻松氛围。这种泛娱乐化的传播方式不仅使得网络舆情更加易于传播和扩散，还进一步加深了网民对社会话题或事件的关注和讨论。

网上舆情的泛娱乐化传播带来了一定的负面影响。一方面，泛娱乐化的传播方式可能会掩盖社会问题的本质和严重性，导致网民对社会问题的认知和判断出现偏差。另一方面，泛娱乐化的传播方式也可能引发一些不必要的争议和冲突，产生不利影响。

在面对网络舆情时，我们需要更加注重媒体的责任和担当，引导其以更加客观、公正的态度进行报道和传播。同时，我们也需要加强对网络舆情的监管和引导，确保其能够健康、有序发展。

（二）网络舆情语言传播的规律

网络舆情传播的全天候、全媒体、即时化、全通道规律十分明确。网络舆情的扩散相互连接，带来波及效果，网络舆情传播正在从问题的表面向深层次机制转移。

1. 传播速度与范围的爆炸式增长

在互联网环境下，一条具有吸引力的舆情信息能够在极短的时间内通过社交媒体、新闻网站、论坛等多种渠道迅速传播，形成几何级的裂变效应。这种传播速度之快、范围之广，使得网络舆情能够在短时间内汇聚大量关注，形成强大的社会影响力。

网络舆情传播不受时间和空间的限制，全天候、全媒体的特点使得信息能够随时随地被传播和接收。这种全天候、全媒体的传播方式进一步提升了网络舆情传播的速度并扩大了范围。

2. 内容的情绪化与共鸣效应

网络舆情语言中往往蕴含着强烈的情感色彩，正面或负面的情感因素都会对网络舆情的传播产生重要影响。公众在面对与自己利益、情感、价值观相吻合的舆情信息时，容易产生共鸣，从而加速信息的传播和扩散。

在网络舆情传播过程中，意见领袖由于其社会影响力、专业知识或独特见解，往往能够引导舆论走向。他们的观点和看法往往能够迅速引发关注，并对其他网民产生深远影响。

3. 互动性与参与度的提升

与传统媒体的单向传播不同，网络舆情传播更强调双向互动。网民可以通过转发、评论、点赞等方式参与信息传播和讨论，形成与媒体和其他网民之间的实时互动。这种互动性不仅提升了网民的参与度，还使得网络舆情的发展更加复杂多变。

在网络上，具有相同兴趣、观点或立场的网民往往会形成各种社群。这些社群内部的信息传播和讨论更加频繁和深入，形成了独特的社群效应。当某一舆情事件引发社群关注时，社群内部的讨论和互动会进一步推动舆情的发展。

4. 信息的多样性与复杂性

网络舆情信息来源广泛，包括传统媒体、社交媒体、个人博客、论坛等多种渠道。这些渠道提供的信息往往具有多样性和复杂性，使得网络舆情的发展更加难以预测和把控。

在舆情传播过程中，由于信息的二次解读和再创作，信息的原始意义可能发生扭曲而形成新的舆情。这种信息的扭曲与误读不仅增加了网络舆情的不确定性，还可能对公众的认知和判断产生误导。

（三）网络舆情语言传播的平台

网络舆情语言传播平台包括社交媒体平台、新闻与咨讯平台、专业社区与论坛，特别是社交媒体平台逐渐成为舆情语言的新来源。

1. 社交媒体平台

随着社交媒体的迅速发展，微信、微博、知乎等平台已经成为舆论的核心，它们不仅是一些话题的聚集地，还是传播的推动力。此外，小红书、抖音等平台也在不断壮大，它们将会成为舆论的新来源。

（1）微信。微信作为一款即时通信软件，不仅提供了好友私聊、群聊等基础通信功能，还通过朋友圈、公众号等模块极大地丰富了信息分享和传播的渠道。微信的普及率高，用户基数庞大，这使得它成为舆情传播的重要平台。

微信在舆情传播中的作用包括以下三个方面：

第一，微信群聊。微信群聊可以容纳大量用户，信息在群内快速传播和讨论，容易形成特定话题或事件的舆情热点。

第二，朋友圈。用户通过朋友圈分享个人生活、观点等信息，这些信息可能被朋友的朋友进一步传播，形成广泛的传播网络。

第三，公众号。公众号作为官方或自媒体发布信息的平台，其发布的内容往往具有权威性和引导性，对舆情传播产生重要影响。

（2）微博。微博以其开放性和实时性著称，用户可以随时随地发布和转发信息，内容形式多样，包括文字、图片、视频等。微博的热门话题和趋势标签功能使得用户能够迅速关注到当前的社会热点和舆情动态。微博在舆情传播中的作用包括以下三个方面：

第一，快速传播。微博上的信息能够迅速被大量用户看到并转发，形成裂变式传播效应。

第二，舆论引导。认证"大V"和普通网友的转发评论会加快舆情的扩散，并可能引导舆论走向。

第三，热搜榜效应。舆情事件一旦登上微博热搜榜，将吸引更多用户的关注和讨论，进一步扩大事件的影响力。

（3）抖音、快手等短视频平台。这些平台专注于短视频创作和分享，内容简短有趣，易于消费和传播。平台拥有强大的算法推荐功能，能够根据用户的喜好和行为进行个性化推荐。

短视频平台在舆情传播中的作用包括以下三个方面：

第一，裂变式传播。短视频的裂变式传播效应使得舆情能够迅速扩散到更广泛的受众群体。

第二，用户互动。用户通过评论、点赞、转发等方式参与到内容的传播中，进一步推动舆情信息的传播速度加快和范围增大。

第三，内容驱动。短视频平台上的内容往往具有话题性和争议性，容易引发用户的关注和讨论。

2. 新闻与资讯平台

这些平台提供实时新闻推送服务，内容涵盖广泛，包括国内外时政、社会、财经、科技等多个领域。用户可以通过浏览新闻、参与评论等方式获取信息和表达观点。

新闻与资讯平台在舆情传播中的作用包括以下三个方面：

第一，权威信息来源。新闻客户端作为重要的权威信息来源之一，发布的新闻资讯往往对舆情传播产生重要影响。

第二，舆论引导。新闻客户端通过发布和更新新闻资讯，引导公众舆论走向。

第三，互动讨论。用户可以在新闻评论区发表观点和看法，形成互动讨论的氛围，进一步推动舆情传播。

3. 专业社区与论坛

这些平台以特定领域或兴趣主题为核心，聚集用户进行讨论和交流。用户可以通过发帖、回帖等方式分享知识和见解并参与讨论。

专业社区与论坛在舆情传播中的作用包括以下三个方面：

第一，深入讨论。专业社区和论坛上的讨论往往深入且专业，对于特定领域的舆情传播具有重要影响。

第二，意见领袖作用。平台上的意见领袖通过发表观点和看法引导舆论走向。

第三，用户黏性高。由于平台内容的专业性和针对性强，用户黏性高且活跃度高，使得舆情传播更加高效。

五、网络舆情语言的功能

（一）语体的创新性与多样化

1. 创新性语体的涌现

网络舆情语言是推动语体创新的重要力量。在网络平台上，公众可以自由地创造和使用新的语言形式来表达自己的观点和情感。这些创新性语体往往往具有鲜明的时代特色和个性化色彩，如"咆哮体""甄嬛体""油腻体"等。这些语体通过特定的句式、词汇和修辞手法来传达特定的情感和态度，引发了广泛的模仿和传播。例如，"油腻体"通过夸张、调侃的方式来表达中年人的焦虑感和危机感，引发了社会大众的共鸣和讨论。

2. 语体的多样化表现

网络舆情语言的语体不仅包括文字表达，还包括图片、表情、视频等多种形式。这些多样化的语体形式为公众提供了更加丰富的表达方式，使得网络交流更加生动有趣。例如，在网络评论中，人们经常使用表情包来传达自己的情感和态度，这些表情包往往具有鲜明的形象和夸张的表情，能够迅速引发共鸣和互动。此外，网络视频也成为重要的舆情表达形式之一，通过直观的画面和生动的解说来阐述观点和事实。

（二）语言风格与语体变化的社会文化动因

1. 社会文化的变迁

网络舆情语言风格和语体的变化是社会文化变迁的必然结果。随着社会的快速发展和文化的多元化趋势，公众对于语言表达的需求也日益多样化。网络舆情语言作为社会文化的重要组成部分，其变化反映了公众对于新鲜、有趣、个性化表达方式的追求。这种追求不仅推动了语言风格和语体的创新与发展，还促进了社会文化的繁荣与进步。

2. 公众心理与情感的需求

网络舆情语言的变化还体现了公众心理与情感的需求。在快节奏、高压力的现代生活中，公众往往需要通过网络平台来宣泄情感、寻求共鸣和安慰。网络舆情语言以其简洁明了的表达方式满足了这一需求，使得公众能够在轻松愉快的氛围中表达自己的观点和感受。同时，这种表达方式也有助于缓解社会紧张氛围、增进人际关系。

（三）多媒体元素的融合

在网络舆情语言中，多媒体元素的融合也是实现特定效果的重要途径。

图片、表情包、视频等多媒体元素与文字相结合，可以创造出更加生动、形象的表达。

1. 表情包

在网络交流中，表情包已经成为不可或缺的表达工具之一。各种夸张、搞笑的表情包被广泛应用于网络舆情语言中，使得交流更加生动。例如，在表达无奈或沮丧时，使用一个"葛优躺"的表情包；在表达惊讶时，使用一个目瞪口呆的表情包。这些表情包以其形象生动的特点，很容易引发共鸣。

2. 搞笑视频

在网络舆情传播中，搞笑视频也是实现幽默效果的重要手段之一。通过剪辑、配音等手段将原本严肃或平淡的画面变得搞笑有趣，从而吸引公众的关注和讨论。

第四章　语言接触的应用研究

第一节　方言与普通话的接触

  如果两种或两种以上语言发生了某种关系，并且对这两种或两种以上语言产生了影响，这种现象就叫作语言接触。语言接触是语言演变的一种动力和自然法则。人类的每一种语言，都不是孤立存在的，总是与别的语言发生不同程度、不同形式的接触，受到别的语言的影响。语言接触不仅存在于不同语言之间，还存在于同一语言中的不同语言变体，而语言接触的结果，必然是导致语言结构和语言功能的变化。在中国目前的语言社会中，见到的最多的现象是普通话作为共同语和方言并存——方言和普通话处于同一个语言社会，必然会相互影响，形成一种接触关系。这种接触由于存在的普遍性，势必会引起人们的密切关注。在人口流动频繁、城市化进程日益加快的今天，对这种现象的研究具有重大的理论意义和现实意义。

"方言"是语言的一种特殊形式。语言和语言变体的关系是一般与个别、共性与个性的关系，这是一种共时关系，而不是历时的衍生关系。方言作为语言的变体，是一个地区、一个地域人们共同使用的一种语言，凝聚着这个地区独特的地域文化，也就是说方言是地区文化的载体。方言和普通话的接触属于同一语言内部不同语言变体之间的接触，是一种广泛存在的语言接触形式，其接触原理和不同语言之间的接触原理基本一致。语言接触在语言的演变过程中具有普遍性，它是语言演变的一种动力。世界上的语言数以千计，但是人们很难找出一种完全孤立的语言。任何一种语言都不可避免地与别的语言发生不同程度的接触，从而受到一定的影响。正如语言学家萨丕尔所说："语言，像文化一样，很少是自给自足的，交际的需要使说一种语言的人和说邻近语言或文化上占优势的语言的人发生直接或间接的接触。"因此，语言之间就相互影响、相互渗透。这就使不少语言之间存在"你中有我、我中有你"的现象。本节主要以贵州省铜仁方言与普通话的接触为例，分析方言与普通话接触中的具体表现，进一步探讨两者的关系。

一、语言接触下铜仁方言词汇的变化

社会是语言的摇篮，语言会随着社会的发展而变化。在人类从比较落后的小农自然经济向现代化大规模生产的转变过程中，原来作为不同地区本区成员交际工具的各种方言，都会逐渐让位于全民族的共同语。受大众媒体或学校教育等因素的影响，铜仁方言也毫不例外地与普通话直接或间接地接触。

语言接触引起的语言变化包含语音、词汇、语调、语法、语义、语用等，其中词汇的变化是最为敏感的。语言随着时间的推移和社会的变革而不断地发生缓慢的变化，我们可以通过研究现有的语言来了解它的变化。

城市化进程的不断推进，使得信息交流日益频繁、网络媒体渗入人们工作和生活的方方面面、人口大幅流动，加之我国现行推广普通话的政策，导致普通话与方言的接触已经成为一种普遍的现象。普通话作为国家共同语，对铜仁话的影响极大，对铜仁方言的冲击不可忽视。袁焱在《语言接触与语言演变》中提到，当语言发生接触后会引起语言变化，最初的变化就是语言影响。语言影响主要体现在词汇、语音和语法上。词汇是语言中最敏感、最活跃的部分，经历了快速、激烈而多变的变化。在普通话与铜仁方言接触的过程中，词汇的变化也是最为明显的。

（一）铜仁方言词汇的变化调查

方言与标准语言之间广泛而频繁的接触，使得一种语言不可避免地引起另一种语言的变化。铜仁方言在与普通话接触的过程中，词汇变异是一种必然的结果。

1. 调查对象

调查对象主要为本地的年轻人，年龄 16～25 岁，母语为铜仁方言。采取的方式为调查问卷的形式，首先，男女占比可以控制，男性成员与女性成员的比例大概一致；其次，受访人的职业、受教育程度、身份也都可以统计，因此可以很好地把握调查结果的普遍性和准确性。

2. 调查内容

调查所用词汇表主要依据萧黎明的《铜仁方言与文化研究》一书，是在铜仁方言基本词汇的基础上删减而成的。该调查表的词汇按意义分为 15 类：天文、地理、时令、人品、房屋器具、农事、亲属、饮食、红白大事、动作行为、位置、代词、形容词、副词、介词，共 485 个词条。选取其中常用的词汇共 96 项，按照词性类别编排成表，分为名词（41 项）、动词（22 项）、形容词（16 项）和副词（17 项）。铜仁方言中的名词、动词、形容词、副词与普通话的对比分别如表 4-1～表 4-4 所示。

表 4-1　铜仁方言中的名词与普通话的对比

铜仁方言名词	普通话词汇	铜仁方言名词	普通话词汇
1. 太阳坝	向阳处	22. 螃夹	螃蟹
2. 天晴天	晴天	23. 饭瓢	勺子
3. 毛坡	荒山	24. 铁刨儿	铁勺
4. 河坎坎	河边	25. 细崽崽	小孩儿
5. 清亮水	纯净水	26. 毛	弟弟
6. 大岩头	石头	27. 老庚	结拜兄弟/姐妹
7. 郎场	地方	28. 扒老二	扒手
8. 大热天	夏天	29. 祖祖儿	曾祖母/祖父
9. 月半	中元节	30. 把	奶奶
10. 万后天	大后天	31. 公	爷爷
11. 打麻擦	傍晚	32. 满满	小叔
12. 哪港	什么时候	33. 脑壳儿	头
13. 往天	以前	34. 搭搭儿	头发
14. 二天	以后	35. 眼眨毛儿	睫毛
15. 后头	后来	36. 鼻腻	鼻涕
16. 茅斯	厕所	37. 嘴巴皮儿	嘴唇
17. 筛筛	筛子	38. 零蛋儿	零分
18. 渣渣	垃圾	39. 牙巴骨	下巴
19. 扁条	扁担	40. 脚后跟儿	脚胂
20. 鸡崽崽	小鸡	41. 河沙坝	河滩
21. 饭蚊子	苍蝇	—	—

资料来源：笔者整理。

表 4-2　铜仁方言中的动词与普通话的对比

铜仁方言词汇	普通话词汇	铜仁方言词汇	普通话词汇
1. 吹风	起风	12. 欠	想念
2. 落雨	下雨	13. 巴不得	想
3. 赶场	赶集	14. 记倒起	记住
4. 转来/转去	回家	15. 发气	生气
5. 立房子	修房	16. 不作声	沉默
6. 其饭	吃饭	17. 日决	骂
7. 甩了	扔掉	18. 紧倒念	唠叨
8. 打落了	丢了	19. 着骂	被批评
9. 码起	藏	20. 哐	哄/骗
10. 晓得	知道	21. 唵楷做	怎么做
11. 认不得	不认识	22. 泡汤	落空

资料来源：笔者整理。

表4-3 铜仁方言中的形容词与普通话的对比

铜仁方言词汇	普通话词汇	铜仁方言词汇	普通话词汇
1. 一海碗	一大碗	9. 安逸	不错
2. 耳背	听不清	10. 起不倒用	不管用
3. 光脚板儿	光着脚	11. 夹夹狗	吝啬鬼
4. 赫倒了	吓着了	12. 笨脬	笨蛋
5. 心慌	着急	13. 飘	不踏实
6. 讨嫌	调皮	14. 平白无故	无缘无故
7. 惯侍	宠爱	15. 莽	胖
8. 为那样	为什么	16. 懵里懵懂	糊里糊涂

资料来源：笔者整理。

表4-4 铜仁方言中的副词与普通话的对比

铜仁方言词汇	普通话词汇	铜仁方言词汇	普通话词汇
1. 恰恰好	刚好	10. 实在	的确
2. 恐怕	可能	11. 拢共	总共
3. 净	光	12. 莫	不要
4. 看到起	看着	13. 干	空／白
5. 幸好	幸亏	14. 先头	之前
6. 背倒起	在背后	15. 起头	开始
7. 一个人	自己	16. 着	被
8. 罢意	故意	17. 朝倒起	朝着
9. 到底	究竟	—	—

资料来源：笔者整理。

（二）铜仁方言词汇变化的表现形式

方言词汇不断丰富的过程包含旧词汇的消亡、新词汇的产生。词汇的消亡往往是新词语和旧词语竞争的结果。词汇的丰富就是词汇的演变，它是一个缓慢的动态演变过程。以时间为线索，现有词汇可以满足社会交际的需要，随着社会的发展，新生事物不断涌现，语言为满足社会的需求，出现新的词汇，这时新旧词汇共存，进而新旧词汇产生竞争；随着时间的推移，社会继续发展，有些旧事物被淘汰，语言为适应社会需求，某些旧词汇消亡。因此，词汇的变化方式可以归结为旧词汇（消亡项）、新旧词汇共存（共存项）、新生词汇（新生项）。

1. 词汇共存

在对普通话与铜仁方言接触的 96 项词汇的调查中我们可以发现，受普通话的影响，铜仁方言的词汇发生了一些变化。其中存在普通话词汇和方言词汇并存的现象，具体如表 4-5～表 4-8 所示。

表 4-5　名词

铜仁方言词汇	普通话词汇	铜仁方言词汇	普通话词汇
1. 天晴天	晴天	12. 渣渣	垃圾
2. 大热天	夏天	13. 眼眨毛儿	睫毛
3. 鸡崽崽	小鸡	14. 毛	弟弟
4. 饭蚊子	苍蝇	15. 扒老二	扒手
5. 打麻擦	傍晚	16. 祖祖儿	曾祖母／祖父
6. 哪港	什么时候	17. 把	奶奶
7. 脚后跟儿	脚肿	18. 公	爷爷
8. 河沙坝	河滩	19. 满满	小叔
9. 后头	后来	20. 脑壳儿	头
10. 零蛋儿	零分	21. 搭搭儿	头发
11. 牙巴骨	下巴	—	—

资料来源：笔者整理。

表 4-6　动词

铜仁方言词汇	普通话词汇	铜仁方言词汇	普通话词汇
1. 吹风	起风	4. 转来／转去	回家
2. 落雨	下雨	5. 立房子	修房
3. 啷楷做	怎么做	6. 其饭	吃饭

续表

铜仁方言词汇	普通话词汇	铜仁方言词汇	普通话词汇
7. 甩了	扔掉	14. 记倒起	记住
8. 打落了	丢了	15. 发气	生气
9. 码起	藏	16. 不作声	沉默
10. 晓得	知道	17. 日决	骂
11. 认不得	不认识	18. 紧倒念	唠叨
12. 欠	想念	19. 着骂	被批评
13. 巴不得	想	20. 哐	哄／骗

资料来源：笔者整理。

表 4-7　形容词

铜仁方言词汇	普通话词汇	铜仁方言词汇	普通话词汇
1. 平白无故	无缘无故	6. 讨嫌	调皮
2. 耳背	听不清	7. 惯侍	宠爱
3. 莽	胖	8. 为那样	为什么
4. 赫倒了	吓着了	9. 安逸	不错
5. 心慌	着急	10. 起不倒用	不管用

资料来源：笔者整理。

表 4-8　副词

铜仁方言词汇	普通话词汇	铜仁方言词汇	普通话词汇
1. 恰恰好	刚好	9. 拢共	总共
2. 恐怕	可能	10. 莫	不要
3. 净	光	11. 干	空／白
4. 看到起	看着	12. 先头	之前
5. 幸好	幸亏	13. 起头	开始
6. 罢意	故意	14. 着	被
7. 到底	究竟	15. 朝倒起	朝着
8. 实在	的确	—	—

资料来源：笔者整理。

根据调查可以发现，96 项词汇中，词汇共存有 69 项。名词有 21 项，分别为天晴天、大热天、鸡崽崽、饭蚊子、打麻擦、脚后跟儿等，共存的名词项中主要有以下几个特点：方言词汇和普通话词汇比较接近，理解起来比较容易；称谓词比较简单，如满满（小叔）、公（爷爷）、婆（奶奶）、毛（弟弟）等。动词 20 项，分别为吹风（起风）、落雨（下雨）、啷楷做（怎么做）、转来/转去（回家）、其饭（吃饭）、甩了（扔掉）等。形容词 13 项，分别为平白无故（无缘无故）、莽（胖）、赫倒了（吓着了）、心慌（着急）、讨嫌（调皮）、惯侍（宠爱）等。副词 15 项，分别为恰恰好（刚好）、恐怕（可能）、幸好（幸亏）、罢意（故意）、到底（究竟）、莫（不要）等。词汇共存的比例为 72%，可以看出普通话对铜仁方言词汇的影响十分明显。

2. 方言词汇的消亡

在对普通话与铜仁方言接触的 96 项词汇的调查中我们可以发现，受普通话的影响，铜仁方言的词汇有的已经走向消亡，消亡的词汇如表 4-9~表 4-11所示。

根据调查可以发现，在 96 项词汇中，铜仁方言词汇已经消失的有 17 项，其中名词 12 项、副词 2 项、形容词 3 项，百分比为 18%，其中名词消亡得较多，消亡的词汇又可分为两类：第一类词汇是不再使用，但是有新的说法，即有替代词。例如，"茅斯"指的是厕所，年轻人已经不再使用，而是用"厕所"或"卫生间"替代。又如，"清亮水"指纯净水，年轻人懂其意义但是不再使用，而是用新说法"纯净水"替代。第二类词汇是不懂意思但是有替代的词汇。例如，"夹夹狗"表示这个人很吝啬的意思，新的说法是"小气鬼"或"吝啬鬼"；"郎场"对应的普通话词汇是"地方"，铜仁方言的新说法也是"地方"；"往天"指的是以前，被"以前"替代；"河坎坎"的替代词汇是"河边"。消亡的词有如下特点：音节比普通话多，如"天晴天""河坎坎""河沙坝"等；一些专有名词被普通话取代，如"茅斯""毛坡"等。铜仁方言吸收了普通话的许多优雅精致及表达更为准确的语言词汇,同时放弃了一部分明显不合时宜的词汇。

表4-9 名词

铜仁方言词汇	普通话词汇	铜仁方言词汇	普通话词汇
1. 天晴天	晴天	7. 往天	以前
2. 毛坡	荒山	8. 二天	以后
3. 河坎坎	河边	9. 茅斯	厕所
4. 河沙坝	河滩	10. 铁刨儿	铁勺
5. 清亮水	纯净水	11. 细崽崽	小孩儿
6. 郎场	地方	12. 嘴巴皮儿	嘴唇

资料来源:笔者整理。

表4-10 形容词

铜仁方言词汇	普通话词汇	铜仁方言词汇	普通话词汇
1. 一海碗	一大碗	3. 夹夹狗	吝啬鬼
2. 光脚板儿	赤着脚	—	—

资料来源:笔者整理。

表4-11 副词

铜仁方言词汇	普通话词汇	铜仁方言词汇	普通话词汇
1. 背倒起	在背后	2. 一个人	自己

资料来源:笔者整理。

3. 方言词汇基本不变

在对普通话与铜仁方言接触的96项词汇的调查中我们可以发现,受普通话的影响,铜仁方言的词汇在发生变化的同时也存在着自己独特的不变项,基本不变的词汇如表4-12、表4-13所示。

表 4-12 名词

铜仁方言词汇	普通话词汇	铜仁方言词汇	普通话词汇
1. 太阳坝	向阳处	5. 扁条	扁担
2. 月半	中元节	6. 螃夹	螃蟹
3. 万后天	大后天	7. 老庚	结拜兄弟／姐妹
4. 筛筛	筛子	8. 鼻腻	鼻涕

资料来源：笔者整理。

表 4-13 动词

铜仁方言词汇	普通话词汇	铜仁方言词汇	普通话词汇
1. 赶场	赶集	2. 泡汤	落空

资料来源：笔者整理。

在 96 项词汇中，有 10 项基本不变，其中名词 8 项、动词 2 项，百分比为 10%。名词的不变项比较多，不变项的特点如下：现在不常见不常用的工具词，如"筛筛""扁条"；特别的节日，如"月半"等；还有一些普通话不能表达或不能完全表达的词，如"太阳坝"，"太阳坝"在铜仁方言里多指被太阳直射的某个平坦的地方。

二、铜仁方言词汇变化的因素及趋势

（一）铜仁方言词汇变化的因素

两种不同的因素导致这些语言的变化，一个是语言本身规律，另一个是语言接触。语言的演变和发展是这两者共同作用的结果。

1. 语言内部因素

随着社会生活的复杂和新事物的增加，方言词汇的限制与人们日益增多的沟通需求之间形成一个尖锐的矛盾，这为词汇系统的变化和发展提供了固有的要求和动力。这种矛盾迫使语言系统必须通过自身调整来解决冲突，而语言系统恰恰有这种自我调节的功能。一方面，铜仁方言与普通话之间是遗传的关系。这两者的相似性为铜仁方言提供了自我调整以接近普通话的保证。铜仁方言在使用的过程中，方言词的发音相当不稳定，青少年接近普通话发音。同时，很多新的方言组合的出现，特别是新词汇的出现，已经开始代替方言词汇。另一方面，从语言的经济性方面考虑，普通话词汇符合最小努力的原则。语言在能使表达完整清楚的前提下，越简洁越好。由前面调查可以发现，铜仁消失的方言词汇中多是音节较多、表达烦琐的词，与此相对应的普通话词汇恰恰相反，这就促使人们放弃相应晦涩烦琐的方言词汇而选择普通话。这形成了强大的凝聚力，使新词结构向前发展。青少年习惯于使用符合中文音节节奏特征的词汇，这实际上是一种机制的收敛现象在过程中的自我调整。

铜仁方言是铜仁的通行语言，因此人们改变和调整它而不是放弃它。在选择最接近普通话的方言成分或形式方面不断地自我调节，这是导致词汇变化的主要内部因素。

2. 语言外部因素

除了语言的内部机制，青少年使用词汇变化的形式也受到语言外力的影响，这在一定程度上反映了铜仁方言和普通话语言接触的强度和青少年的语言态度。

（1）语言联系强度。语言联系强度越高，语言变化就越剧烈。一般来说，语言联系的强度主要与以下内容有关：接触时间长短、双语水平、流畅程度、源语言或受话者语言、两个社区人口的相对数量、经济转型等，这些是导致语言更改的重要因素。这些因素导致了人们生活方式的变化即追求现代生活和更高的生活水准，传统和老式的话不能充分应付现代的现实生活。20 世纪 80 年代以来，随着经济的快速发展，文化教育的普及化，电视互联网的普及化，标准普通话对铜仁方言的渗透和影响逐渐强化。标准普通话在青少年中普及率较高。各类媒体的广覆盖对当地方言产生明显的影响，所以失去表达基础和必要性的词汇便失去了社会性。这样的词汇逐渐变得过时，这是一种语言形式的自我调节。例如，茅斯（厕所）、郎场（地方）、夹夹狗（吝啬鬼）这样的词汇现在很少有人使用了，特别是年轻人。当与普通话的接触变得深入时，方言的功能就会减弱，这种情况发生在向多数语言转变的情况下，即语言变化正在发生。

（2）语言态度。语言是人类的交际工具，同时语言还有社会文化功能。它影响着人们对语言的价值判断、行为倾向、情感认同。在语言交际中，人们会针对不同的交际对象选用不同的语言。这种对语言的选择，反映了人们的语言态度。语言用户的态度是非常重要且难以预测的社会因素。对语言的态度表明了人们是如何看待这个语言的发言者。当地方言的重要性、优雅性和社会性可以反映团体成员的态度和现状。在特定情况下选择特定语言主要取决于主题、社会场景、演讲者的相对地位等。随着社会的发展，学生在学校被要求学习标准普通话，更多年轻父母禁止孩子在家庭场合说方言。年轻人已经有了文化和社会的定型观念，年青一代的方言并不规范，在获得这些现代化定型观念时，他们开始对铜仁方言进行评价。

在铜仁地区，说普通话被认为是成为受过良好教育和拥有良好气质的象征。这种心理可能会鼓励当地人尝试使用普通话词汇而不是辩证地对待方言词汇，以此使他们的语言更加精致优雅。例如，他们使用"厕所"而不是"茅斯"等。

（3）语言选用。语言接触过程中存在着另一种现象：在一个多民族的国家里，既存在着同时使用两种或两种以上民族语言的现象，又存在着同时使用民族共同语及其变体（方言）的现象。中国就是这样，少数民族会说汉语（普通话或汉语方言），汉族会说少数民族语，这是大家公认的双言现象。在同一个民族语内部，也存在着很大的方言分歧，有的分歧甚至达到了彼此之间不能够通话的程度。方言区有许多人除了说母语之外还会说其他方言或普通话（汉民族共同语），这种现象被称为"双言现象"（Diglossia）。

根据对铜仁居民的调查发现，虽然因为母亲关系很多家庭存在着双言现象，但随着社会的发展，信息传播方式的改变，不同地区之间的交际和交流不断加深，普通话对铜仁居民的影响确实超过其他方言。在学校，特别是小学，课间休息时间的交际语言有很大一部分是普通话，在中小学校园内，甚至在赶集的街上，普通话的声音随处可闻。现在中小学课堂绝大部分使用普通话上课，极少数年纪大一点的老师用一些夹杂着铜仁方言的普通话上课，老师与学生的交流基本上都是普通话了。在农村地区，普通话主要是靠学校、电视、广播等影响，也就是因为学校的这种氛围和影响，铜仁居民的语言使用也因此发生了很大改变。此外，由于外出务工人员长期在普通话语境下，使用普通话的能力大大提高，在与子女交流中，有时候会自然不自然地用普通话进行交流，这也推动了普通话使用的广度。因此，铜仁方言虽然与几种方言有接触，但人们的首选都是铜仁方言或普通话。

（二）铜仁方言词汇的变化趋势

1. 有明显的双向性

在语言接触中，铜仁方言和普通话相互影响，只不过由于双方的语言地位不同，所以彼此的作用有大有小。普通话，作为标准语，是强势语言，它对铜仁方言的同化趋势是不可避免的，这使得方言使用的局限性和方言使用的范围减少成为一个必然趋势。对于铜仁方言而言，铜仁方言作为当地人的母语，有着深厚的传统文化，在相当长一段时间里对本地的影响很大，方言用户的方言多样性和情感也强化了铜仁方言的这种地位，使得铜仁方言保持相对的独立性，并且使普通话在不久的将来也不能完全取代方言。铜仁方言在受到普通话影响的同时，也会努力保持自己固有的特点。这样，在铜仁方言与普通话的碰撞过程中，铜仁方言会依照自身的语音、词汇、语法系统，结合当地的人文历史特点，有选择地吸收普通话中的成分，并把这些新成分加以整合，使之成为自身的一个有机组成部分。铜仁方言在受普通话影响的同时，也会对普通话产生影响，这种影响主要体现在个体学习普通话的过程中。

2. 方言向普通话靠拢

城市化的进程、文明的同质化加速了地区的替代语言差异，方言吸收了普通话大量丰富的新词，从与普通话的比较和自身的交替现象来看，方言渐渐接近普通话。

就铜仁方言和普通话的接触而言，由于受普通话的影响，铜仁方言存在两种变化：一是通过与普通话的接触，吸收了新的成分和表达方式，并将它们与固有的系统融为一体，使自身的表达方式得到更新和扩展，从而增强了方言的表达能力和社会功能，促进方言的不断丰富和发展。二是由于在与普通话的接触中处于受影响的地位，铜仁方言内部的结构特点受到普通话的严重侵蚀，词汇系统都被异化。在调查中我们也了解到，从语言态度看，大部分中小学生都认为普通话更能表达自己的意思，所以都喜欢讲普通话。总体而言，年轻人一般都觉得铜仁方言粗俗，普通话文雅，即使是使用方言，也多用于非正式场合、熟人之间的日常谈话。由此可见，铜仁方言在实际生活中存在着使用范围缩小、使用人数减少等社会功能弱化的现象。随着语言接触的深入，铜仁方言逐渐呈现出向普通话靠拢，铜仁方言特色词汇日趋退化的趋势。

三、结语

在语言接触中，强势语言会对弱势语言产生影响，而语言接触是语言演变的一种强大动力。城市化进程的不断推进，使得信息交流日益频繁、网络媒体渗入人们工作和生活的方方面面、人口大幅流动，加之我国现行推广普通话的政策，导致普通话与方言的接触已经成为一种普遍的现象。在普通话与地方方言的接触过程中，铜仁当地青年一代使用方言的情况出现了明显的变化，当地青年放弃了具有地方特色的方言。从词汇变化的角度来看，铜仁方言在词汇方面具有接近普通话的趋势，尤其是在接受词汇方面。方言词汇呈现不断向普通话靠拢的趋势，但是仍旧具有强大的活力。

在方言词汇变异中，日常口语向普通话靠拢的现象最为普遍，紧接着是事物的性状词和人的性状词的变异，日常物品称谓的变异最少。词汇变异主要由受教育程度、职业和场合因素影响，其中受教育程度和场合因素是产生词汇变异的重要因素，职业因素对方言词汇变异使用的影响相对较小。词汇变异的使用情况呈现一定的社会分布规律：接受过大学及以上教育的人使用变异形式的没有高中生多；企事业单位职员、专业技术人员和老师、学生较多地使用词汇变异形式，而从事商业和服务业的公司职员使用变异形式频率低；方言多用于家庭场合；普通话被广泛用于政府部门、教育单位、大众媒介和商业活动等。家庭场合中方言词汇变异较少出现，而社会场合中词汇变异出现得较为频繁。

普通话作为共同语在铜仁市已经占据了一定地位，导致其在铜仁市的使用范围很广。其民族共同语的身份导致人们对其持积极的语言态度，甚至直接影响了新一代青少年的语言使用情况。铜仁人对铜仁方言有很高的认同感，但是在普通话的强势影响下使用范围缩小，使用频率降低。普通话与铜仁方言的接触变得极其频繁，普通话对铜仁方言的影响深刻。一方面，方言的独特成分正被年轻人放弃或取代；与此同时，普通话的影响力继续渗透到铜仁方言，并且导致铜仁方言的使用领域缩小。另一方面，随着城市化的不断推进，人们生活交际的范围不断扩大，信息交流更加频繁，导致人们在观念和思想上更倾向于外来语言和文化，使得当地的方言在人们生活中的地位越来越不重要。这些都不利于当地方言未来的发展。

普通话的推广，不仅对铜仁方言产生影响，而且对任何其他方言都会产生影响。在中国，无论操何种语言，人们通常把普通话作为一种规范的语言。普通话通过学校及媒体对方言不断地产生影响，促使方言发生各种各样的变化。方言的独特性成分正被人们遗弃或替代，同时普通话的推广导致方言使用领域和词汇的使用范围不断缩小。方言很好地反映了丰富的传统地方文化，反映了文化的多样性和活力，是我国重要的非物质文化遗产。因此，我们要正确处理普通话与方言之间的关系，在推广普通话、学习普通话的同时也要注重对方言的保护。

第二节　外来词

外来词作为语言接触的结果，反映了不同社会、不同文化之间的交往。它们的产生以社会或文化的接触为前提，因地区不同有不同的收容方式，在同一个社会内部也会有因不同性别、年龄、职业引起的不同态度或使用倾向。

一、外来词的分类

（一）界定

对于外来词的定义，学术界传统的语言学者们不承认意译、借形等外来词形式，认为只有音译词才是外来词。但社会语言学者们认为在西方文化输入之后所产生的词也属于借词的行列，如"汉堡""托福"，所以我们一般将广义上的借词称为"外来词"。

（二）类型

在汉语词汇中，外来词的出现形态无外乎如下几类：音译词、意译词、仿译词、音译+意译词（混合词）、音译加汉语语素词、音意兼顾词、字母词，以及当代的外来缩略词。

1. 音译词

音译是根据语音，使用现代汉语词汇中的同音词进行翻译的方法，分为纯音译词和音译兼顾词。其中，纯音译词就是根据原词语音，采用本民族语言中语音相同或相似的语素进行翻译产生的新词语，如"黑客"（Hacker）。音译兼顾词是既考虑语音又考虑语意，在翻译原词的时候按照原词语音进行翻译，在表达的时候又考虑到原词语意，使用相近的汉字进行表达，如"可口可乐"（Coca Cola）。

2. 半音译半意译或音意兼译词

音译+意译词或者混合词，是将外语原词分为前后两部分，一半音译，一半意译，再将前后两部分组合起来，合成一个词。例如，"丁克家族"（Dink Family），"Dink"音译为"丁克"，"Family"意译为"家庭"，将前半部分与后半部分组合起来，形成"丁克家族"这个词。

3. 意译词

意译词包括两种，第一种可以称为汉语词汇，因为使用这种方式创造出的意译词和原词之间没有任何关系，是使用汉语语素重新定义的过程，如"宠物"（Pet），就是在对"Pet"进行重新定名之后，使用汉语语素"宠"和"物"进行翻译。第二种方式是使用本民族的语言对外语原词的内容进行逐一翻译，既包含它的语素和组合方式，又将它的意义移植过来，如热狗（Hot Dog），逐一翻译"热"（Hot）和"狗"（Dog）；"蓝领"（Blue Collar），逐一翻译"蓝"（Blue）和"领子"（Collar）。

4. 音译加汉语语素词

这种方式是根据原词的语音进行翻译，并在后面加注汉语语素，如"巧克力糖"中的"巧克力"是根据原词语音"Chocolate"音译，"糖"是后面加注的汉语语素。

5. 借形词

有些新涌入中国的外来词在表述的时候不使用汉字，而是直接以自身的字母形式与汉字或阿拉伯数字相结合，称为字母式借形词（字母词）。字母式借形词又按照组成结构分为三种：直接用外文字母，如 MBA、WTO；外文缩略字母加汉字，如 CD 机、B 超；外文缩略字母加数字，如 MP5、18K。还有一类借形词是借用日文中用汉字书写的词，这类词在日本与中国语言接触时，被日本人借用到本民族语言中，创造出相应的词汇，在交流过程中又回到中国，采取汉语语素的读音，如"景气""瓦斯"等。

二、从共时与历时角度考查外来词

历时研究与共时研究属于社会语言学的研究方法，是由索绪尔提出的。共时是横向的，主要对语言中的内容在某一共同时刻的关系进行研究；历时是纵向的，是对语言中某些内容的历史发展脉络进行研究。本部分从共时与历时双重角度分析外来词的演变路径和规律，历时角度以外来词引进三大高潮为主线，纵向比较三次引进高潮的社会背景及不同定量情况；共时角度则分析第三次外来词引进高潮期间外来词词义和词性的情况。

（一）外来词的历时比较

外来词在中国出现，最早可以追溯到汉代，此后历经长足发展，在汉语词汇中的比重逐渐提高。以历时性视角研究外来词自然要按照"过去—现在—未来"的时间轴对其进行分析。

1. 外来词三次引进高潮

（1）佛教传入。佛教传入最早可以追溯到汉代，汉代的社会生产力高度发达，经济实力强盛，政治环境稳定，佛教逐渐兴起，又因北邻匈奴、南邻西域，与匈奴和西域在经济往来和政治战争中相交密切，历史上留下了"昭君出塞"的故事，匈奴的民族语言"琵琶""燕支"等词也传入中原地区，唐代佛教极为兴盛，出现"佛陀""尼姑""平等"等词，形成外来词第一次引进高潮。

（2）西学东渐。近代以来，大量西方文化进入我国充斥着人们的生活，使长期处于闭关锁国状态的中国社会发生了剧烈的变化，一些有识之士受到西方先进思想的影响，逐渐萌发觉醒意识，五四运动、新文化运动应运而生，高举民主、科学的大旗，吸收西方的成功经验和先进文化，掀起了思想文化革新和文学革命的高潮，外国书籍、教堂不断出现，大批英语、日语和法语外来词接踵而来。"德律风"（Telephone）、"百老汇街"（Broadway）、"尼古丁"（Nicotine）、"达尔文"（Darwin）等大量外来词被引进，形成外来词引进第二次高潮。

（3）改革开放以来。1978 年后，我国积极与其他国家进行友好往来，出现了一大批外来词，如因特网（Internet）、克隆（Clone）、雅思（IELTS）等。21 世纪经济全球化深入发展，中国综合实力显著提升并积极参与国际事务，对外开放步伐不断加大，大量的外来词（及派生词）融入中国人的日常生活中，如人造地球卫星（Sputnik）、淘客（Online Shoppers）、人肉搜索（Human Flesh Search）等，形成外来词引进第三次高潮。

2. 三次引进高潮的不同社会背景

外来词引入的三次高潮分别处于汉代、西学东渐时期、改革开放以来，从时间上来看，三次外来词大规模引进的时间具有间断性，完全处在不同的社会环境和历史背景下；从特点上来看，三次外来词的大规模引进特点又具有一定的相同性。将三次外来词引进高潮的社会背景作对比，可以从中了解外来词的演变路径、判断外来词的发展变化特点，为语言政策的制定和实施提供理论参考。

（1）世界政治形势和科学技术的变化。近代以来，西方国家于 19 世纪基本完成第一次工业革命，本国科技实力大大增强、生产力水平大幅提高、经济实力显著提高，机械化生产线下的大量商品严重缺乏销售市场，无法转化为经济收入，且自第一次工业革命以来，世界政治形势发生改变，英国、日本的国际地位不断提高，它们将目标指向中国，改革开放以来，文化的交流似乎变得更加强势，甚至伴随着文化侵略现象，新语言对旧语言的替换现象屡见不鲜。

（2）国家对外政策和态度的转变。由于受到经济、技术和心理的影响，汉代开放程度较低，近代以来一直实行闭关锁国政策。改革开放以来，中国奉行积极的外交政策，对外交流步伐不断加大，秉承着"取其精华，去其糟粕"的理念广泛吸收外来词。

3. 三次引进高潮的定量分析

对三次外来词引进高潮中的外来词从定量的方面进行比较，有助于更好地了解汉语吸收外来词的倾向和演变趋势。

（1）来源语种。在第二次外来词引进高潮中，英语和日语成为主要来源，这种现象产生的主要原因是当时英国在很早之前便在中国沿海开放性较强的地区通商往来，并且有很多英国的传教士进行传教工作，而日本在地理位置上占有优势，距离中国较近，且借形词中的一部分如"瓦斯""茶道"等词便是日本借用汉字创造的，对于汉字具有一定的亲近性，所以日语当时也成为外来词的主要来源之一。

（2）词的内容。三次词汇引入高潮中吸收的外来词的内容主要有政治、经济、生活、科技等方面，其中政治类外来词在总外来词词数中占比最高，这与当时的社会背景密不可分，明末清初社会动荡不安，如何挽救国内危难成为有识之士关注的内容，而在改革开放后，人们的生活水平不断提高，科技实力越来越重要，生活类和科技类的词汇自然是人们关注的热点。

（二）外来词的共时比较

共时分析不同于历时的动态考查，属于静态分析范围，这里以外来词引进第三次高潮为特定时刻，以词义和词性为比较变量，探讨改革开放以来外来词词义和词性的变化情况。

1. 改革开放以来外来词词义演变

（1）词义演变表现。改革开放以来，中国逐步与世界接轨，由于社会因素（社会等级、职业、性别、年龄等）、社会心理因素、心理语言因素等的不同，一个外来词传入一个国家，会受到本土社会因素和语言因素的影响，从而在外来词的基础上对它进行本土的选择和改造，具体到词义方面就是外来词词义演变。具体是指词的形式不变，但是意义有所变化，主要包括词义的扩大、缩小和转移，就是外来词的义项有所增加或减少，如"白色消费"原本是指用于丧葬的过度消费，后又新增量入而出的理性消费含义，"批判"原本是指自我分析和评价，既包括优点又包括缺点，后来词义缩小为"指出缺点"。

（2）词义演变特点。词义演变具有渐进性和不平衡性。首先，词汇是人类重要的交际工具，人类社会的生产生活及人与人之间的关系主要靠它来维系和协调，所以词汇需要保持稳定，但词汇也需要随着社会的发展而不断地发展变化，以满足新事物、新概念和人们新的社交需求，这就需要词汇不断更新。稳定与更新两者的不断冲突使词汇的发展变化过程具有渐进性，如"河"在早期仅指黄河，不包括其他河流，后来在语言不断系统化的过程中，为了确定河流的上位概念，"河"字便开始泛指一切河流。其次，不同词汇与社会之间联系的紧密程度不同，因而对社会变化的反应也不同，这就使有的词汇变化快一些，有的词汇变化慢一些，变化速度不平衡。同时，不同民族、不同地域的经济发展程度、社会开放程度、对外交往范围不同所导致的外来词的词义变化速度也不尽相同。在经济发展速度较快、开放程度较高的地区，词义的扩大、转移现象较为明显。

2. 改革开放以来外来词词性演变

语言之间的交流和借鉴都会以开放性的词类为主，而作为开放性的词类代表，名词在语言接触与交流中往往会大量地被其他语言引进，因为一个民族所缺少的往往是出现了新事物或新概念却得不到正确、完美的解释的词，从改革开放以来外来词词性的引进上看，也大致符合了这一规律。改革开放以来，外来词的引进主要是以名词为主，甚至名词的引进比例达到了90%以上，如20世纪80年代，卡拉OK风靡一时，迪斯科进入人们视野，后又演变出"迪厅""迪吧"等词。从共时视角将词性和词义进行比较分析，我们可以发现在某一特定时刻，外来词的演变总是遵循着特定时代的环境和规律。

三、外来词的规范原则

（一）必要性与实用性相结合原则

据统计，现今外来词总数有近万个，在现代汉语词汇中占有10%以上的比例，所涉及的内容已广泛地深入生活的方方面面。在近万个外来词中，既有符合大众生活和汉语语言内部结构规律而被社会大众广泛接受的外来词，如"点心"（Dimsum）等；又有对外来词进行直接引用所出现的词汇，如"WTO""CEO"等，不符合汉语的语言内部结构规律，或是不被大众理解。所以在外来词引用方面，我们应坚持必要性与实用性相结合的原则，必要性是指引用的外来词一定是被社会某个领域需要的，要切切实实为人民、国家、科研等服务，如"插头""暖气""啤酒"的引用满足了生活领域的需要；实用性是指引用的外来词在社会中能够使用到，对人们的生活产生便利。

（二）翻译尽量遵循意译原则

目前，在现代汉语词汇的近万个外来词中，音译的外来词数量为2000多个，占总外来词数量的1/5左右。但是音译的方式存在缺点：首先，音译词词汇内部的组合规律仍然是外来词的规律；其次，普通话的音节和许多外语原词的音节难以一一对应，在寻找相同或相似语素的过程中，难免出现困难；最后，由于汉语中同音字较多且不同地区对于某些字的读音并不相同，会出现一词多写的情况。所以，在外来词的引入过程中，对于外来词的翻译方式应尽量遵循意译原则，即用汉语词汇结构分解外来词结构，按照汉语词汇内部结构规律，采用汉语语素对所引用的外来词进行重新定名、重新拼合原义的过程中，外来词基本完全符合现代汉语构词原则，更容易被人接受。

（三）统一外来词书写方式

在外来词输入的初期，由于汉语中同音字较多、翻译方式不同及不同地区对于某些字的读音并不相同，曾一度出现过外来词书写混乱的现象，如"开普特"和"计算机"、"白兰地""勃兰地"和"拔兰地"、"凡士林""花士令"和"华摄林"等。这种混乱现象，不利于人们在日常生活中使用外来词，同时也不利于外来词的发展。因此，对于外来词需要制定统一的书写标准，如采用"白兰地"，应摒弃"勃兰地"和"拔兰地"的书写方式。

第五章　语言与文化

　　语言与文化，作为人类社会不可或缺的两个要素，它们之间的关系既复杂又深刻。语言不仅是人类交流思想、传递信息的工具，还是文化的重要载体和表现形式。文化是一个社会、一个民族长期历史积淀的结果，它涵盖了人们的思想观念、价值取向、风俗习惯、宗教信仰等多个方面。

第一节　称谓与文化

　　称谓，作为人际交往中不可或缺的一部分，不仅是对他/她人的称呼方式，还是文化、社会结构、价值观念及个人身份的多重体现。它如同一面镜子，映射出一个社会的历史积淀、伦理观念、亲疏关系及等级制度，是文化传承与发展的重要载体。称谓按是否表示亲属关系可分为亲属称谓和社会称谓。

一、亲属称谓的文化演变

　　称谓词是言语交际的第一要素，亲属称谓词在汉语词汇系统中占据着重要位置，亲属称谓词明确地表示出人与人之间的关系，在人与人的交际过程中是不可或缺的环节。它的产生和发展有着无法替代的特殊意义，而且还是社会发展状况的一面镜子，是现实社会的写照。

"亲属"一词来源于《礼记·大传》："亲者，属也"；"称谓"一词出现得晚一些，《后汉书》中有记载"改易名号，随事称谓"，不过到了南北朝时期人们才普遍使用"称谓"这个词。亲属称谓是对具有姻亲关系或血缘关系的人的称呼。亲属称谓把本人当作中心点，其他亲属都通过本人来确定，自己就是各个亲属之间的标杆，通过称谓语言来表达人的社会身份，表现出一定形式的社会文化，其最真实、最具体地反映了一个社会和一种文化。

亲属称谓体系是和婚姻制度相匹配的。在最初的原始社会，族群只是聚居在一起，没有婚姻一说，更没有所谓的婚姻制度和家庭的存在，那亲属称谓也就不可能存在了。但是伴随着社会的发展，人们分工明确起来，健全了各种各样的社会体制，婚姻制度也越来越完善，人与人之间的关系也就越来越明确。

原始社会发展到封建社会，社会在进步，文化也在进步，亲属称谓词和其他词汇一样，都是逐渐发展起来的，从一开始的缺失到后来的健全，从简单的称谓到复杂的称谓，一直在演变发展。在封建宗法文化的一步步完善中，亲属称谓也逐步完善，成为一个系统。前人在研究中发现，现代汉语的称谓基本继承了古代汉语的称谓，古代亲属称谓词以单音节为主，发展到现代汉语，亲属称谓词则以双音节为主。现代汉语的双音节称谓词都是对古代汉语单音节称谓词的扩展。

从古代社会发展到现代社会，社会发生了大变革，人与人之间的关系也随着社会发生了质的变化。从亲属关系层面来看，人与人的关系越来越简单化。在封建宗法系统中，上到高祖下到玄孙，每个人都有与其相对应的称谓。如今人们依然沿用着这套宗法体系，只是随着社会的发展变化，称谓越来越淡化，人们对一些传统的亲属称谓词已经不再熟悉了，这些称谓逐渐消失在人们的视野中。古代社会生产力落后，大家庭要集合每一个人的生产力来供养一个大家族，要求所有家族成员都聚居在一个大院子里，亲属称谓词有很大的发挥空间。现代社会生产力飞速发展，人们不需要再像以前那样被迫聚居，开始追求独立自由，小家庭从大家庭中分离出去，四世同堂或五世同堂的大家庭越来越少见。亲族的分散，日常接触减少，亲属称谓的使用空间越来越小，外加普通话的普及，亲属称谓更是没有了生存空间，在方言中表现得更加明显。

（一）平舆方言与普通话亲属称谓的共性特征

称谓文化是一个国家或一个民族独特的文化，方言称谓更是民族文化独特的一分子。在这里，我们对比了平舆方言与普通话亲属称谓的特征，进一步探讨亲属称谓的文化演变。平舆方言是河南方言的一个分支，而河南话隶属于北方方言中的华北东北次方言。虽然说是方言，但是河南话与普通话的差别并不是很大，在我国很长一段历史上，北方官话就是河南方言，洛阳在我国的历史上具有举足轻重的地位，是天下的中心，得洛阳者得天下，洛阳音又被称为"雅言"。东晋到南北朝时期北方使用的雅言也是洛阳雅言，永嘉南渡后晋士大夫都要学习"洛生咏"。北宋都城汴京就是如今的开封，当时的人们把开封话和洛阳话当作标准音。

语言不是一成不变的，官话也在发生着变化，从长期的官话到现在的方言，河南方言经过长期的历史文化积累，使得其词汇中沉淀着一些与普通话不同的内涵。平舆方言在方言片区规划中属于中原官话的漯项片。对平舆方言亲属称谓的研究采用了问卷调查和查询《河南方言资料》《河南地方志》中的亲属称谓，并且参照胡士云《汉语亲属称谓研究》一书中的分类，对平舆方言中的亲属称谓做了分类（见表5-1）。

表 5-1　平舆方言中的亲属称谓与普通话对比

辈分	直系宗亲及其配偶称谓	旁系宗亲及其配偶称谓	外亲及其配偶称谓	直系姻亲及其配偶称谓
祖辈	【高祖父】老祖宗 【高祖母】老祖宗 【曾祖父】老太 【曾祖母】老太 【祖父】爷 【祖母】奶	—	【外祖父】姥爷 【外祖母】姥娘	—
父辈	【父亲】大/爹/爸 【母亲】娘/妈	【伯父】大爷/大/大伯 【伯母】大娘/大妈 【叔父】叔/大 【叔母】婶儿/婶子 【姑母】娘/姑 【姑父】姑父	【舅父】舅 【舅母】妗子 【姨母】姨 【姨父】姨父	【公公】随夫称 【婆婆】随夫称 【岳父】大爷/老丈人 （面称）爹、大 【岳母】大娘/丈母娘/（面称）娘、妈
平辈	【兄】哥/大哥 【嫂】嫂 【弟】弟弟/兄弟 【弟媳】兄弟媳妇儿 【姐】姐/大姐 【姐夫】姐夫 【妹】妹子/妹妹 【妹夫】妹夫儿	【堂兄】堂哥/叔伯哥 【堂弟】堂弟/叔伯兄弟 【堂姐】堂姐/叔伯姐 【堂妹】堂妹/叔伯妹妹	【姑表兄】老表/表哥 【姑表弟】老表/表弟 【姑表姐】表姐 【姑表妹】表妹 【姨表兄】姨哥 【姨表弟】姨弟 【姨表姐】姨姐 【姨表妹】姨妹	【丈夫】当家嘞/掌䇺里/孩儿他大 【妻子】老婆/媳妇儿/家里人 【大伯子】大伯哥 【大伯嫂】嫂 【小叔子】小叔儿 【小婶子】兄弟媳妇儿 【大姑子】大姑儿姐 【小姑子】小姑儿 【内兄】大舅子/大舅子 【内弟】小舅/内弟儿 【内姐】老丈姐 【内妹】小姨
子辈	【儿子】儿 【儿媳】媳妇/儿媳妇儿 【女儿】闺女/妮儿 【女婿】女婿	【侄子】侄儿/侄子 【侄女】侄女儿	【外甥】外甥儿 【外甥女】外甥女儿/外甥闺女	【内侄】内侄儿 【内侄女】内侄女儿
孙辈	【孙子】孙子/孙儿 【孙女】孙女儿	【侄孙】侄孙儿 【侄孙女】侄孙女儿	【外孙】外孙儿/外甥儿 【外孙女】外孙女儿/外甥女儿	—

资料来源：笔者整理。

平舆方言与普通话对比，有相同处，也有不同处。对于平舆方言亲属称谓来说，它有着自身的多样性和繁复性。

1. 基本称谓具有较大的一致性

亲属成员的复杂性形成了复杂的亲属称谓系统，但平舆方言和普通话基本类似，平舆方言亲属称谓系统具有同一性和固定性。冯汉骥在《中国亲属称谓指南》一书中指出现代汉语共有"祖、孙、父、子、母、女、兄、弟、姊、妹、伯、叔、侄、甥、姑、舅、姨、岳、婿、夫、妻、嫂、媳"二十三个核心称谓，平舆方言中的核心称谓也与此大致相同。再者，"爷、奶、爸、叔、婶、姑、姨、舅、哥、姐"等这些作为词根的称谓词在表意上都是没有差别的，如"老奶、姑奶、舅爷、姨奶"等。另外，即使有一些地方存在差别，也都是由相同的基本语素来组成的。比方说"曾祖母"这个称呼，是通过表示辈分的"老"或"太"再加上表示血缘关系的"奶"构成；"堂兄"之称谓，由表示长幼的"兄"加表示血缘的"叔"或"伯"构成，这种现象是最常见的。

2. 尊卑亲疏秩序井然

在普通话亲属称谓系统中，明确地划分出宗亲和嫡亲称谓，也把称谓按辈分、年龄及性别做了区分。这是因为宗法社会体系几千年来一直延续流传在中华民族的家族体系之中。从古到今，受儒家文化影响，称谓都严格遵循一定的规则，这种规则在等级上表现为"天地君亲师"，如"臣为君讳、子为父讳"等，在伦理上遵循尊卑、亲疏、长幼的秩序。平舆方言称谓作为汉语称谓的一部分，一直保持着鲜明的长幼尊卑观念，表现在以下四个方面：

第一，决定家庭中地位的因素是辈分而不是岁数。在家族村落之中，比自己年龄小但辈分比自己大的人比比皆是。所以流传有这么一种说法："有小叔小爷爷，没有小哥小大爷"，即存在"叔"或"爷"比自己年纪小，但没有比自己年纪小的"哥"或"大爷（即伯父）"。

第二，"堂""姨""表"这三个亲族一定要严格区分，这是由血缘的亲疏决定的，父系称谓和母系称谓、宗亲称谓和外亲称谓这些在面称时没有什么分别，但在背称时一定要严格地区分。有种说法叫"娘舅是大""姑表亲辈辈亲""姨兄弟臭狗屁"，因为"堂"这一分支属于同宗同亲，血缘最为相近，而且"表"血缘上还比"姨"近。

第三，长幼有序。在一个家族中，长者对幼者、同辈中年长者对年幼者都是直接叫名字的，而不用称谓语。但要是幼者面对长者、晚辈面对长辈直接叫名字就会被认为是不尊重人，是大不敬的。在长辈的称呼前加上"大（老）、二、三、小（幺）"这些字眼来区分辈分长幼，如"大爷、二舅、三爷、小姨"等。

第四，男女有别。在宗法社会和儒家文化的影响下，古代女性一直处于从属地位，所以在社会中，称谓也会随着文化影响而变化，语言体现着文化，故称谓会遵守宗法制度的规则，严格区分男女称呼，整个称谓系统中，称谓词带有"以男为尊"的倾向。例如，对岳父岳母面称"大""娘"，而对公公婆婆就要跟随丈夫称呼。另外，夫妻之间称呼，丈夫被称为"当家嘞/主事儿嘞/掌柜嘞"，妻子则用"屋里头嘞/家里嘞"来称呼，这体现着男主外女主内的思想。

3. 有"同指异称"现象

"同指异称"就是对同一指向的亲属关系人不采用相同的称呼形式。在胡士云的《汉语亲属称谓研究》一书中，对于每个称谓在普通话中都有5个或5个以上与之对应。在平舆方言中也有这种现象，用不同的叫法来称呼同一个亲属，尤其是对直系亲属的称呼。例如，"父亲"又叫"大/爹/爸"；"婶母"可以用"婶儿、婶子、花婶儿、花娘"等来称呼。同指异称亲属称谓如表5-2所示。

表 5-2 同指异称亲属称谓

辈分	直系宗亲及其配偶称谓	旁系宗亲及其配偶称谓	外亲及其配偶称谓	直系姻亲及其配偶称谓
父辈	【父亲】大/爹/爸 【母亲】娘/妈	【伯父】大爷/大/大伯 【伯母】大娘/大妈 【叔父】叔/大 【姑母】娘/姑	—	【岳父】岳父/丈人/（面称）爹、大 【岳母】岳母/丈母娘/（面称）娘、妈
平辈	【弟】弟弟/兄弟 【弟媳】兄弟媳妇儿 【妹】妹子/妹妹	【堂兄】堂哥/叔伯哥/大哥 【堂弟】堂弟/叔伯兄弟 【堂姐】堂姐/叔伯姐 【堂妹】堂妹/叔伯妹妹	【姑表兄】老表/表哥 【姑表弟】老表/表弟	【丈夫】当家嘞/掌柜里/孩儿他大 【妻子】老婆/媳妇儿/家里人 【大伯子】大伯哥/大哥 【内兄】大舅子
子辈	【儿媳】媳妇/儿媳妇儿 【女儿】闺女/妮儿	【侄子】侄儿/侄子	【外甥女】外甥女儿/外甥闺女	【内侄女】内侄女儿
孙辈	【孙子】孙子/孙儿	【侄孙女】侄孙女儿	【外孙】外孙儿/外甥儿 【外孙女】外孙女儿/外甥女儿	—

资料来源：笔者整理。

4. 亲属称谓的泛化具有不平衡性

亲属称谓泛化就是采用称呼亲属的叫法来称呼那些非亲属人员。河南一直都是农业大省，农村村落一直保存得很好，所以很多习俗都保留了下来，同村同族人生活在一起，对非亲属的称呼也都会按照常用的亲属称谓来泛化。但是这种称呼方式跟普通话相似，具有不平衡性。普通话里，这些泛化称谓都是采用父系血亲称谓来称呼非亲属关系的人，如采用"爷爷""奶奶""伯伯""叔叔"这些称谓来称呼别人，从来没有用"外公""外婆""舅舅"等这些母系血缘亲属称谓来称呼别人。这是因为，从古至今，中国社会都是以村落为单位聚族而居的，如常见的"王家村""李家村"等，同村都一个姓。

社会语言学理论与应用发展研究

自古以来同姓不能通婚，所以娶媳妇都是多方介绍，从其他村落介绍而来的，这样母系亲属日常就见不到，关系就疏远了，便不会对母系亲属称谓进行泛化。长期的男权社会，以男人为主导，男性地位高，使人们对父系亲属称谓比较重视，而女性地位低下，母系亲属称谓也就得不到重视，这就形成了亲属称谓泛化的不平衡性。平舆方言同样具有这种现象，在日常生活中最常见的泛化称谓词是"小大""婶子""大爷""大娘"，见面时先称呼一声再问候，好让人知道是在问候谁。"姨父""姑父"这些母系亲属称谓没有泛化。

（二）平舆方言亲属称谓的特点

1. 词汇特点

平舆方言亲属称谓词有单音节词、双音节词及多音节词，这些称谓词跟普通话并不一致，而且有其特点。下面各举几个例子：

单音节词：爷、奶、大、爹、娘、叔、婶、舅、姨、姑；

双音节词：老太、大爷、大娘、妗子、婶子、花娘；

三音节词：老祖宗、大伯哥、叔伯哥、花婶儿；

其他多音节词：兄弟媳妇儿、外甥闺女等。

万里在《山东方言亲属称谓的语言特点及使用情况研究》中指出，亲属称谓受普通话影响，向双音节方向发展，单音节的亲属称谓词基本不存在了，只存在两个或两个以上音节的亲属称谓词。与普通话称谓不同，平舆话一直在使用着单音节亲属称谓词，如"爷、奶、大、爸、妈、叔、婶、舅、姨、姑"等这些经常使用的称谓，都是单音节亲属称谓词。这些单音节形式的称谓词目前大多都是中老年人在使用，在普通话的影响下，新一代的年轻人开始使用双音节重叠形式。

平舆方言称谓词有很多都带"儿化音"。最具有代表性的就是祖父母的称谓"老太儿"，另外还有"婶儿""妹夫儿""兄弟媳妇儿""小叔儿""小姑儿"等，对子辈、孙子辈的孩子基本都带儿化音。

2. "从他称呼"普遍

"从他称呼"现象是亲属称谓中比较独特的构成部分，指对亲属称呼时，依从他人与被称呼人的关系来称呼对方，而不是按照自己与被称呼人的直接亲属关系来称呼。"从他称呼"这种称呼方式一般都发生在"对称"的场合，如女子嫁人后跟随男方称其父母为"爸妈"，"公公、婆婆"则是叙称。但在后来的发展中"对称"扩大了它的内涵，包含了"叙称"的内容，有些甚至取代了"叙称"。

在普通话中"小舅子""小叔子""大舅子""大姑子"等，这些都是"从儿称呼"的衍生。在平舆方言称谓语中，应用最普遍的是夫妇之间的"从儿（孙）称呼"，不叫对方名字这种事情发生在多年的夫妻身上是很常见的，往往代之以"他大""他爸""孩儿他娘""他爷""孩子的名字+他爸"等。另一个具有代表性的亲属称谓词就是"兄弟媳妇儿"，从它的构词就可以看出它是"兄弟"加"媳妇儿"两个称谓词合成，是依从"兄弟"这个人来称呼的。在古代，女子本就是"大门不出，二门不迈"，与外界联系甚少，嫁人后更是追随夫家，在后宅持家，与人接触也不多，跟其他人关系比较疏远，只是知道是某人的媳妇儿。但这个词只能用于背称当中，是两个人聊天、叙事时想不起来所指人的名字，就根据"兄弟"这个人，依托他的关系来称呼。

关于"从他称呼"的应用，不仅运用于亲属关系之间，还用在非亲属关系人之间。例如，"毛蛋他哥""灰灰他婶子""阳阳他娘""他老太儿""他妹""恁嫂子"等，这些"从他称呼"在中年人的口中使用频率最高，也是最常用的。

3. 存在"偏称"现象

偏称就是不按照最真实最本源的亲属关系这个原则来称谓，它用一些疏远的称谓来称呼对方，这种现象也叫违称。这种违称现象最多是子女对父亲的称呼，对母亲基本不采用偏称，对父亲称呼为"大爷""大""伯"等。还有一种现象是父亲把嫁出去的闺女称为"客"，大闺女叫"大客"，二闺女叫"二客"，这种称呼一般都是背称。

4. 有"同称异指"现象

对不同的亲属对象采用相同的称呼语，这种现象就是"同称异指"现象。在普通话中，对有不同亲属关系的人都用不同的称谓词，这个划分比较明确。在平舆方言称谓语中，对不同的亲属对象一致采用相同的称呼语。最具有代表性的是用"老太儿"来统一称呼"曾祖父""曾祖母"，不含有任何男女性别标志。

在父辈称呼中，"大"可以代表"父亲""叔父"，而为了区分长幼在"大"的前面加一个"小"字，"小大"代表所有年幼的父辈，是一种统称，没有"二大""三大"之说，若同时表述两个人的身份则需要在"小大"前加上长辈的名字，如"高亮小大"或者"高亮大"；对母亲、伯母、叔母、姑姑都可以称呼"娘"，而伯母辈分比较大，所以又称为"大娘"，叔母又可以称为"花娘""花婶儿"等。

在晚辈中，"外甥""外孙"可以统一用"外甥儿"一个称谓词来称呼，古代女子嫁人之后就跟随丈夫姓，是夫家的人，不再是自己家的人了，"孙"这个字，只有自己家人才能用。而且在平舆方言中"甥"和"孙"音相似，所以逐渐演化为同一个"外甥儿"。

5. 用"变读"方式构成不同的亲属称谓

侯精一（1985）指出，在山西方言中，用变读一个音节的声母、韵母、声调的方式，可以构成两个不同的亲属称谓词。经查阅资料及调查发现，平舆方言中也有类似现象。

（三）平舆方言亲属称谓逐渐趋同于普通话的原因

1. 城镇化的发展

随着城镇化的发展，方言也发生变化。在城镇化过程中，受普通话影响，平舆方言开始变异，普通话把自己的语言特点带入了平舆方言的交流中。称谓语是人们日常生活交流中最先应用到的，它作为语言交际的先行者，亲属称谓更是重中之重，所以普通话的称谓语在城镇化的发展中取代了方言的称谓语，只有那些带着方言特色或者语言习惯的称谓语才能保留下来。在城镇化的发展进程中，人们开始接受新的语言，采用新的语言交流，而逐渐舍弃一些旧的语言。亲属称谓词正是如此，很多方言称谓都被普通话的称谓取代。

2. 普通话的推广

国家大力推广普通话，九年义务教育的实行，授课使用普通话，未成年人对于新事物的接受能力很强，也最容易受影响。在这种环境下成长的年轻人就渐渐地接受了新的称谓而淘汰了那些旧的方言称谓。例如，对母亲现在都称呼为"妈"，而"娘"这个称谓词到现在基本就不使用了，只有在背称时才用到。只有那些年长者们，对新事物的接受能力差，保持着旧有的习惯，依然坚持采用旧的方言称谓。

3. 现代通信技术的发展

语言总是在不断演变的。中国疆域辽阔，每个地方都有一种地方话通行于其中，而且长期的小农经济使得人们长期生活在一片区域，古代社会不像现代社会那样发达，交通不便利，人们基本只使用自己这一地区的语言，也就是方言。形成方言的因素有很多，但方言只能满足小地区人们交流的需求，它是一种小众语言，不具备普遍适用性。现代经济的发展，带来了科技的进步，电子通信、卫星电话、蜂窝式移动电话、信息网络的发展，打破了地域屏障，使得五湖四海的人们能够瞬间对上话，人与人之间的交流少了距离上的障碍，本地人与外地人也能进行交流。电视网络日日夜夜地伴随着人们的生活，而电视网络语言基本都是普通话，普通话悄无声息地渗透入人们的日常生活中。现代通信的发展推广了普通话，方言赖以生存的生活空间被打破，它不具备现代通信对语言的普适性要求，方言的生存空间被进一步压缩。方言称谓的生存空间就更是狭小，亲属称谓语言在现代通信的发展过程中慢慢地统一。

二、社会称谓的文化演变

社会称谓是社会结构、人际关系的文化符号。社会称谓作为社会交往中人们相互指称的方式，是文化、历史、社会结构和个体身份的综合体现。它不仅反映了人与人之间的关系亲疏、地位高低，还蕴含了丰富的文化内涵和社会价值观。在这里，我们以"老师"称谓为例，探讨社会称谓的文化演变。

"老师"这一称谓，历经长期的历史演进，语义和语用都在不断变化。发展到现在，已经不是单指教书育人的人民教师，而是在多个领域被作为一种尊称而广泛应用。

（一）"老师"称谓的历史演变

1．"师"的语义变化

在社会发展进步和文明演进的过程中，人类经验的口耳相传尤为重要，而在这个漫长的过程中，教师扮演着传承文明的历史角色。他们通过面对面教授或者著书撰文的方式传播知识，将宝贵的经验、技能、文化发扬传播，推动历史发展。经过一代代人的传承，随着时代的进步、社会的发展，生生不息、历久弥新。

（1）"师"字的出现。早在商周时期的甲骨文中就已经考证到"师"字的记载。甲骨文中有"文师"之称。西汉的董仲舒和司马迁的作品中，都出现过"师"这一词，他们都重在使用"师"的表率意义。"师"字原义与教育无关，有"军队、群众、首领"的意思。西周时的师氏，主要负责最高统治者的安全警戒、跟随出行等工作，此外还兼职负责贵族子弟的教育工作；乡师掌管所治之乡的教化，考核各级官员的政绩，核定人口等；大师掌六律六同,以合阴阳之声。由这些例子可以看出,在西周时期的社会职业中,教师还没有作为单独的社会职业出现,而是与官职相伴而存,官师合一。

(2)"师"意义的发展。到了春秋战国时期,七雄争霸,百家争鸣,社会政治、经济发生剧烈变化,教育制度也必然随之改变。封建君主为军事斗争所累,分身乏术,没有过多的精力顾及教育事业,国家设立的官学日渐衰微。社会的动荡,导致许多文化官员四方流落,出现了"百家争鸣"的景象。私学也自春秋中叶兴起,至春秋末期发展壮大,取代了官学的位置,教育活动日渐专门化,慢慢形成了相对职业化的教师群体。"师"开始有了老师的意思,拜师求学蔚然成风,在当时诸多文献记载中都有所体现。例如,《国语·晋语一》中写道:"父生之,师教之,君食之。"

2."老师"称谓的演变

(1)先秦"老师"称谓的出现。"老"是会意字,甲骨文字形像一个拿着拐杖的老人,本义是年老、衰老。《说文解字》中写道:"老,考也。七十曰老。从人、毛、匕。言须发变白也。""老"作为尊称,和"师"连用最早见于《左传》的"老师费财,亦无益也。"这里的"老"是形容词活用成动词,翻译为"使……疲倦"的意思,"师"译为"军队"。此处"老师"可以理解为使军队长期劳顿而力量衰竭,和我们现在所说的"老师"意思是不同的。

"老师"第一次用来表示专门的教育工作者是在《史记·孟子荀卿列传》中:"荀卿,赵人。年五十始来游学于齐。……田骈之属皆已死齐襄王时,而荀卿最为老师。"在这里"老"是年老的尊长,"师"是传授技艺的人。荀子五十岁时到齐国游学,德高望重,才学精深,而他相比肩的几位学者已经故去,因此称荀子"最为老师"。"老"字表示年老辈尊。《史记·孟子荀卿列传》中"最为老师"的用法,是"老师"一词具有了现代汉语中"老师"之意的最初体现,并且影响深远,后世许多记载荀子游学的著作中,都以

"最为老师"来评价。

（2）唐代"老师"称谓盛行。唐代时"老师"作为一个特定的称谓被使用，是对于僧侣的尊称。佛教在唐朝时十分盛行，许多优秀的佛经著作应运而生。佛经创作多数使用半文言文半白话文的语体，生动体现出当时的口语特色，"老师"这个称谓在佛经中被广泛使用。有许多词汇都体现"师"和"生"的关系，如"何不问王老师"。当时口语常常用表敬的"老"字作为构词成分，在这里的"老师"是指传授佛法经文的僧侣，在意义上与"生"相对。随着这种用法的广泛使用，"老师"这一称谓也从佛门经纶中延伸到民间的诗词创作。王建《寻李山人不遇》中的"从头石上留名去，独向南峰问老师"就是一个代表性的例子。"老师"不再是口头流传的称呼，已经成为具有特指意义的称谓词。到了金代，"老师"才被赋予了与现代汉语中的"老师"相似的意义。

（3）明清"老师"词义的演进。到了明清时期，"老师"的"老"字渐渐成为一个词缀，如"老妪""老翁""老人家"等词语中，"老"字都是年老辈尊的含义。随着这一称谓被广泛使用，对被称呼者的要求在慢慢降低，能够担任教学工作的，也可称之为老师，但在道德上仍有着较高的要求，"为人师表"的要求也一直延续。到了清朝中叶，"老师"已有成为教师的通称的势头，"老师"可指一般教育者。

清朝末年，在西学东渐的过程中，大大小小的新式学堂不断兴起，学校的老师由真正学识渊博的人担任而非由政府官员垄断，"老师"一词普遍用来称呼广大教育工作者。

"老师"这个词在 20 世纪逐渐进入现代汉语的称谓语系统。20 世纪初期，佛教文化已经不如唐朝时兴盛，人们对僧侣的看法也不再是盲目信奉。加之佛教传播发展的过程中，也出现了"高僧""大师"等用于尊称僧人的称呼，已经很少有人会把僧侣叫作"老师"。"师座""学官"这类在科举制下担任考官的职位，在科举制被取缔后也退出了历史舞台，将其称之为"老师"的说法自然随之消失。"师傅"称谓兴起，之后人们对传授技艺的人多以"师傅"尊称，逐渐不再用"老师"称呼。"老师"一词只有尊称教师的义项被人们认可和保留下来，并且一直沿用至今。

20世纪初，人们曾一度热衷把"先生"当作对教师的尊称，较少地使用"老师"这一称谓。中华人民共和国成立以后，中小学生开始广泛使用"老师"这一称谓，以显亲切与敬爱。20世纪50年代中期，最早一批大学生进入高等院校从事教育工作。因为这些年轻的教职工与学生们的年龄相差不多，同学们会称他们为"老师"，和学校中教龄长、资历更深的中老年教授区分开来。与"先生"相比，"老师"这个称呼更加亲近、口语化，便于称呼。慢慢地，"老师"这个称呼赢得了人们的青睐，被广泛地应用在社会交际中。

（二）"老师"称谓泛化的表现

"老师"最初指从事教育工作的人，职能是"传道、授业、解惑"，在教育界内部被广泛使用。现在人们交谈时，在许多交际场合和语境里，"老师"这一称谓被使用的频率很高，显现出泛化的现象。社会称谓语的泛化含义是用具有一定社会关系特征的称谓语称呼不具有这种社会关系的人。"老师"称谓的现象在社会中已经十分普遍，具体表现为交际领域的广泛性和会话语境的复杂化。

1. 交际领域的广泛性

（1）教育领域内部。"老师"称谓的泛化现象以其在教育领域内部的通用和流行为发端。各级学校的学生普遍对教师称作"老师"，只有少数年长位尊、德艺双馨者才会被称为"先生"，"老师"这一称谓占据了主导地位。为了方便称呼，学生们对一些在学校内不从事教学工作的领导和员工也使用"老师"这一称谓语。在学校工作的行政人员，由于缺乏专门的称谓语，在人际交往中多有不便，用"老师"来称呼就避免了诸多尴尬的局面。学校里的领导，按照职场的语言习惯，可以用职位来称呼，如"姜主任""徐副主任"；在教育领域，这些职位也可以用"老师"来代替，如"姜老师""徐老师"。另外，对于普通员工来说，无法用官职去称呼，"老师"就是最佳的称谓。由此可见，在教育领域内部，"老师"已经成为广受认可、常被使用的称谓词。

（2）其他知识文化领域。"老师"称谓除了在教育领域内通行，还在新闻界、广播电视界、文艺界等其他的知识文化领域普遍流行。老师的定义是对教师的尊称，泛指传授文化、技术的人或在某方面值得学习的人。由此已经可以体现出"老师"这一称谓在其他知识领域的普适性。在新闻界、医学界、艺术界等领域，同一工作领域的年轻人或初入职场资历较浅的人，在称呼比他们年长位尊或者资历高、有权威的前辈时，通常用"老师"来称呼，以表尊敬和虚心请教之意。也有年轻人之间互相称"老师"，表达亲切友好的同事关系。此外，属于不同领域的人交际时也可称"老师"。不在同一领域的人，可能没有经验或资历上的明显对比，但有时为了拉近彼此的关系，表示尊重和敬意，往往也选择用"老师"来称呼对方。例如，在一些娱乐综艺节目、访谈节目、文艺晚会等电视节目中，主持人在介绍和称呼邀请来的嘉宾时，也会叫他们"老师"。不在同一领域工作，但对方在其领域成绩斐然，也往往被尊称为"老师"。如文学界的余华、莫言，在访谈节目或日常生活中被人们谈及时，都是以"老师"尊称。

2. 会话语境的复杂化

（1）会话语境对交际的重要性。刘世理教授把人类交际看作是一种基本的三重结构：会话的表达和接收过程中存在构成信息对象的语言以外的事物和现象——社会的、心理的、象征的。无论是语言与社会、语言与文化，还是语言与心理，语言总是存在于一定的语境之中，对话语的理解，除词汇意义外，还有语用、语域和会话含义，无论哪个方面的理解，都是对特定会话语境中语言现象的认知。

会话语境可以通俗地理解为人们进行社会交际时所处的情境，人们在不同的情境下，往往也会适当调整自己的交际用语。每个人的言谈举止不仅会因人而异，还与使用言语的情境有关。不同的情境，即不同的会话语境，会改变人们对称谓语的选用偏好。

（2）"老师"称谓的应用语境。具体会话语境会随着时间、地点、对象、场景等因素不同而发生变化，难以逐一分析列举，我们大致可以归为两类进行分析：第一，在有称谓可选择的语境下称"老师"。人的社会属性使每个人都有许多的身份，而汉语称谓体系中称谓词灵活多样，在同样的一个语言环境中，有时称呼者可以选择多种称谓进行称呼，如学生可以称呼校长为"某校长"，也可以直接称作"某老师"；称呼某位编剧，称其"某编剧""某编"或"某老师"都是完全符合语言环境的。第二，在无法选择的语言环境中选择"老师"称谓。"无法选择"主要发生在两种情境下。一种是学校内不授课的普通职工，如学校的财务工作人员、机房的管理人员、负责校园安全和后勤保障的工作人员，无法用"姓氏+官职"的方式称呼他们，"老师"这个称谓就成了唯一恰当得体的称呼。另一种是在有些特殊的情境中，由于缺乏对会话对象职业领域、身份信息的了解，一时不知道交谈时如何称呼，会临时借用"老师"这个亲切而不失尊敬的称谓。

（三）"老师"称谓泛化的特征

"老师"这一称谓由于自身所蕴含的尊敬之意和亲切之情，逐渐取代其他意义相近的称谓，扩大了自己的适用领域，泛化现象日益显著。其泛化主要有语义指向的模糊性和语义的继承性两个特性。

1. 语义指向的模糊性

（1）语义指向模糊性的含义。称谓语泛化过程中相伴而生的一个显著特征就是语义指向的模糊性。与"模糊性"相对的概念是语义的"具体性"，这种具体性主要体现在专有名词上。例如，"上海""二氧化碳"等，这些专有名词的定义是具体、严谨的，无论在何时、何地、何种情境下提及都是没有偏差的。相较之下，模糊性更为广泛地体现在许多词汇中。例如，就"花"这个单音节词而言，荷花、菊花、玫瑰花、牡丹花、梅花、茉莉花……都包含在"花"的语义里，我们可以说"院子里的梅花开了"，也可以说"院子里的花开了"，这就体现出词义的模糊性。词义的模糊性使词语的使用范围得到很大扩展，可以免去再造一个新词的麻烦。在具体的语境下，词义也会有具体的内涵，如"对面跑来一只小狗"，这里的"狗"就有很具体的意义，品种、毛色、性别等都可以再具体地补充。

（2）"老师"称谓的模糊性。"老师"这个称谓在新中国成立以后才被广泛地使用，最初并不是被人们作为教师的职业称谓来使用的。上溯到春秋时期，《论语》中体现了当时对"师"的普遍定义："子曰：'三人行，必有我师焉。择其善者而从之，其不善者而改之。'"孔子这句话的意思是某些领域比"我"擅长的人均可为"师"，并不是一定要从事教育事业。孔子作为我国伟大的思想家、教育家，其观点在当时和后世都被广为称颂，由此可见，"老师"的词义重心"师"，最初的语义就比较模糊，为以后"老师"词义的模糊埋下了伏笔。

"老师"语义范围广泛的优势日益显著，慢慢取代了"先生""师傅"等同类称谓。与此同时，教师职业标签也随着"老师"称谓的泛化而逐渐淡化。"老师"既是教书育人的教师职业工作者，又可以用来尊称老师之外的艺术家、工匠手艺人、作家、医生、律师等，使用这一词甚至可以忽视背景身份。由此可见，"老师"称谓的语义早已超出了它本身"传授知识的人"的意义，具有了其他模糊的语义。

词语的模糊性和泛化性是互相依存、相伴而生的。语义泛化是语义模糊性的"点火石"，模糊性是语义泛化的"助推器"。社会存在变异的一大原因是变异助长歧义，而歧义正是人们交际所喜爱的，语言模糊的好处在于，你能说你想要说的又能否认掉，歧义很少妨碍交际，因为具有交际能力的受话人能领悟话语中的会话含义。"老师"这一称谓就很好地体现出语言模糊的这一优势，无论我们是否了解会话对象在其工作领域的成就，只要对方没有特殊说明，都可以尊称一声"老师"，传达出我们的善意以便顺利沟通。相较而言，一些职业标签鲜明的称谓，就不具备语言模糊性的优势。例如，我们无法称不具备相应身份的人为"教授""讲师"，或称其他行业的人为"医生""律师"，如果贸然称呼就会给人造成不切实际的违和感，难以顺利交流。由此可见，"老师"这一称谓凭借其语义的模糊性，促进了其泛化的进程。

2. 语义的继承性

虽然"老师"这一称谓的泛化现象已经十分普遍，但是其语义特征仍然是以继承原义为主。

（1）继承语义内涵。"老师"词义在不断演化的过程中，与知识、文化的紧密联系始终未曾断绝。泛化之后，也是从教育领域内部向其他知识文化领域扩展，总之离不开知识基础。例如，在学校从事保安、门卫等后勤工作的人员，就不会被称为"老师"，而被人们以"师傅"来称呼。20世纪70年代末80年代初，在社会交际中"师傅"曾一度流行，通常用来称呼知识分子。后来，传授技艺的手艺人广泛被称为"师傅"，"师傅"逐渐成为对体力劳动者的尊称，人们用"老师"来称呼文艺工作者和知识分子，而不再用"师傅"这一称呼。

（2）继承语言色彩。亲切和尊敬是"老师"这个称谓一直带有的一种语言色彩。传统的人际关系实际上是一张以五伦为核心、以亲情为纽带、从亲疏差序向外扩张的关系网，在这种人际关系中人们的等级伦理观念极强，情感色彩浓厚，因而用于交际中的称谓语必然也受到这种文化观念的影响和支配，以致形成了汉语称谓的两大原则：等差原则和情感原则。通俗地说，等差原则就是一种因社会属性、身份地位、血缘辈分的差异，而产生的尊卑有别、长幼有序的交际原则。情感原则是因人与人之间关系的亲疏远近不同而产生的。关系亲疏不同，会话时的语气语态、遣词造句都要进行适当的调整，才能和谐友善地交流，增进双方之间的关系，融洽相处。等差原则注重尊卑有别、长幼有序，感情原则注重以和为贵、增进情感。在人际交往中，人们一直追求既遵循等差原则，又兼顾情感原则的两全境界。"老师"这一称谓就很好地在等差原则和情感原则中做到了兼顾，既表示敬重，又不失亲切；既拉近距离，又不至谄媚，让人觉得恰当而舒适。

3. 适用对象的选择性

适用对象的选择性也是"老师"称谓泛化的重要特征。泛化后的"老师"称谓在被人们使用的过程中并不是完全随意毫无限制的，而是有选择性地对称呼对象进行使用。结合前文分析过的"老师"称谓的泛化领域和适用的具体会话语境研究，不难看出，"老师"这个称谓都用在知识文化领域，学校内食堂和宿舍的工作人员通常不被称作"老师"。当今的社交称谓体系是多元化、多样性的，常见的有以下几类："同志"用来称呼军人、警察、党政机关人员等；"先生""女士"在正式场合分别用于称呼男性和女性；"师傅"用来尊称司机、厨师、木匠等工匠手艺人和体力工作者；"老师"的适用对象主要是教书育人、传授技艺的人，或者在某方面成绩斐然、值得学习的人。

（四）"老师"称谓泛化的原因

这里我们从微观社会语言学视角入手，研究"老师"这一称谓与社会的共变现象，分析该称谓的泛化原因。

1. "老师"称谓的特性

（1）所指对象广泛。以学校教育环境内部为例，我们可以用"老师"这一称谓称呼学校中绝大多数员工，并不像其他称谓语那样有诸多限制。例如，"教授""副教授"都以教师的职称为依据，"院长""主任"则是按官职称呼，使用这些称呼时，都需要对称呼对象有一定的了解，不能随意称呼。然而"老师"没有诸多限制，担任教学工作的教师、财务工作人员、辅导员等都可以称为"老师"。孔子曰："三人行，必有我师焉"，向身边的人虚心请教，取他人之长，补己之短，那么他们在某一方面就可以称作自己的"老师"，这实际上把"老师"的所指对象扩大化了。由此可见，该称谓所指对象具有广泛性。

（2）淡化长幼。中国人讲究尊老爱幼、长幼有序。长幼等差原则是会话交际时需要考量的一个重要因素。这一原则的使用，在不同语境下有不同的需求，有时需要强调对年长位尊者的尊敬和年幼者的爱护，有时则需要拉近距离、弱化长幼差异。"是故无贵无贱，无长无少，道之所存，师之所存也。"（《师说》）正是弱化了这种长幼差序，无论是年长位尊、受人景仰的长者，还是初出茅庐、成绩斐然的新星，只要对方的能力值得我们学习，都可以称之为"老师"。可见，"老师"这个称谓可以很好地满足人们弱化长幼差异的需求。

（3）淡化性别。在当下的社会交际中，为了满足简化交流的需要，许多社交场合需要模糊性别差异，"老师"这个称谓便适用这个需求。因为在"老师"词义的演进历史过程中，直到今天，都没有给"老师"称谓赋予性别属性，因此无论是对男性还是女性都可以用"老师"来称呼，没有性别上的筛选。

（4）褒义色彩。"天地君亲师"的尊师重教传统，和数千年来儒家文化的熏陶，使人们对老师这一职业有着与生俱来的尊敬和好感。"一日为师，终身为父"等美谈，具有为人师表的身份内涵，使老师成为赞誉他人学识品行和才能素养的代名词，从而使"老师"一词具有了温文尔雅的色彩。以学生的姿态，把他人称作"老师"，表达了对他人的尊敬之心，也表现出自身谦逊好学的品质，这是"师傅""先生"等其他社会称谓难以具备的。这种崇尚学术、亲切可敬的特质，也在潜移默化中起到了疏离政治的心理倾向。20 世纪 80 年代以后，随着社会经济的飞速发展和文化生活水平的不断提高，群众的思想观念也日新月异，日渐崇尚知识文化。"老师"这一称谓既亲切舒服，又表示了对称呼对象的尊敬认可。

2. 社会历史文化因素

（1）传统礼制影响。尊师重教是我国传统礼制之一，人们崇尚在言行举止中体现出对别人的尊敬和礼待。在封建社会讲究"君为臣纲，父为子纲"，礼制严密，等级森严，长幼有序。在这样的封建纲常伦理的影响下，现在人们也格外敬重教书育人的人民教师。这种尊师重教的道德观念，使教师这一职业拥有着较高的社会地位，也使其他行业中专业知识和能力突出的人同样备受尊敬。

（2）社会发展变化的影响。随着社会等级制度的消亡和社会文明的进步，人们倡导平等、友善、和谐的新型关系，各个职业也不再分三六九等，各行各业都在为国家建设添砖加瓦，在社会中发挥着同样重要、不可替代的作用，并没有高低贵贱之分。在这样的时代背景下，"老师"也被注入了新的精神内涵和情感因素。随着社会文明程度的演进，人们对教育的重视程度也日益提高，而教师作为教书育人、传授知识的角色，自然受到人们的尊敬。与此同时，航空航天、医疗卫生、高新技术等行业的水平也在快速提高，这个过程中需要专业技术的脉脉相承，需要人才的代代培养。这些领域中一些资历深厚、成果卓越的人在给初入行的人传授技术和宝贵经验时，也起到了教育和引导的作用，这就使得"老师"的称谓在这些领域得到广泛应用。

（3）社会称谓语的缺失。在社会发展的过程中，新兴行业的出现会形成新的社会阶层，就需要相应的社会称谓对其进行称呼。当没有出现与之匹配的专门的社会称谓，交际会话时会出现难以称呼的尴尬局面。为了使人际交往和谐融洽，也为了向对方表达尊敬友好，避免"零称谓"的困境，人们只能从已经被熟知的称谓中借用一个暂时使用。"老师"就因此有了更多的使用机会，如技艺高超的化妆师、校内机房的技术员等行业人群，没有专门的称谓语，"老师"这一称谓不失为一个得体的选择。专门社会称谓语的缺失，也推动了"老师"称谓的泛化。

3. 社会心理因素

索绪尔在《普通语言学教程》中指出，语言活动是我们直接感受到的，每个人的言语行为性质是多方面的，跨许多领域。它既是物理的又是生理的、心理的，既是个人的又是社会的，难以从整体上把握。在社会交际中，语言作为一个常用的交际工具，使用者的心理因素对于人们对词语的选择和运用具有很大的影响。人们思想观念、心理动机的变化也是称谓变化的重要原因。选择不同的称谓会影响人与人之间的交际效果，是否使用恰当得体的称谓，关乎交谈是否顺利、能否达成会话的目的。

（1）对"老师"称谓的心理认同感。在社会称谓语发展的过程中，新的称谓取代旧的称谓会给人们带来新鲜感。使用新的称谓语进行会话时，在使用恰当的前提下，被称呼者往往具有较高的社会地位，也更易被人们偏爱。例如，"托尼老师"这一用来称呼美发师的网络用语，就很受人们的喜爱。同时，民族心理也发挥着莫大作用。语言是文化的载体，汉语称谓承载着千百年的中华传统文化。汉语的敬称源于中国礼仪原则，在人们内心底层的文化潜意识中还潜藏着中国传统的尊卑等级观念和传统的人际关系，并且悄无声息地影响着表层的交际方式。不同的社会身份和社会属性，在人们的道德伦理中存在着长幼尊卑、亲疏远近的差序。对身份地位高于自己的人使用尊称，展现出说话者谦虚内敛的品性，会话对象也会因为受到尊重和认可而感到满足，这有利于构建和谐融洽的人际关系。

　　从社会语言心理学中的社会角色理论的角度看，在社会生活中我们每个人在不同的会话语境下都拥有不同的身份和角色，对父母而言是子女，对司机而言是乘客，对下属而言是领导……因此，每个人在交际过程中，都要选用适合自己身份角色的语言。传统的文化心理取向，使"老师"这个称谓在交际会话中广受喜爱。

　　（2）对其他同类称谓的排斥心理。"老师"这一称谓有尊敬亲切和崇尚文化的意味，与其他同类称谓相比，更适合广泛应用。"先生""小姐""女士""太太"更适合在庄重、正式的场合使用，日常口语交际时使用会显得不那么自然。"老板"这一称谓也流行一时，带有浓厚的商业色彩。伴随着商品经济的发展，"老板"在生意场上是常见的称谓语。但是在中国传统文化中"重农抑商"思想使得这一称呼略显"俗"味，又带着巴结讨好的嫌疑，也不能跳出生意场，难以得到人们的广泛喜爱。"师傅"用来尊称司机、厨师、工匠手艺人，知识文化气息略有欠缺，也不被人们偏爱。相较之下，"老师"这个称谓就在诸多社会称谓语中脱颖而出，在人际交往中被人们广泛运用。

　　（五）"老师"称谓泛化现象的意义

　　"老师"称谓的泛化现象是在多种社会元素的共同作用下形成的，会话语境中广泛地使用这一称谓，为交际双方都提供了许多方便，也是对教师身份的肯定。但与此同时，"老师"的泛化现象不是任何时候、任何情景都应该支持的，"老师"应同其他社会称谓语一样，有一个恰当的使用条件。无论是从"老师"教育工作者的本义而言，还是泛化之后的意义，都应该以知识文化、经验技术、专业能力、道德品质等某一方面具有值得学习的过人之处为前提条件。"老师"称谓泛化带来的问题和对教师职业的冲击不容忽视，我们需谨慎对待"老师"这一称呼的使用，否则它将失去原有的美好内涵。

　　1. 正面意义

　　除了前文所述"老师"称谓对交际会话的便利之外，对于教育领域而言也是一种好的迹象。一方面，在社会交际中，人们偏爱使用"老师"这一称谓，而被称呼者也心满意足。可见，教师的社会地位是被人们认可和尊敬的。当今在人们的观念中"老师"拥有文化内涵，道德品行好。用"老师"称呼会话对象，是对对方才学和能力的肯定，体现对其尊敬。这一称呼越来越频繁地被人们使用，与人们对教育事业发展和文化素养提升的重视息息相关。另一方面，"乡村教师""模范教师"等教师的事迹被广泛宣传，倡导人们学习这种爱岗敬业、无私奉献的精神品质，也说明了教师在人们心中有着崇高的形象。以"老师"称呼会话对象，把对方置于高位，自己处于低位，营造出舒适愉悦的会话氛围，有利于交际的开展，增进友好关系。在许多人眼中，从事教师行业是非常好的选择，"教师子女"也会给人很好的初始印象，越来越多的人愿意听到自己被称为"老师"，说明了教师的工作很高尚，教师的形象很阳光，也很亲善，提高了教师在人们心中的社会地位。

2. 问题与反思

（1）问题。社会经济文化的发展，使"老师"这个称谓被模糊、被赋予新的指代含义，人们在广泛地运用这一称谓时，对其内涵也会产生自己的理解。但是，与"律师""医生"等职业一样，教育行业也有自己的专业要求和行业准入规则，日益泛化难免会造成教师身份的危机和职业专业化的困境。长此以往，难免有些人不加筛选地使用"老师"这一称谓，忽视了其内在的文化修养。这一现象的产生，极大地冲击着专业的教师群体的发展。对于受过正规师范教育、投身教育行业的人民教师个人来说，也是不公平的，每个职业都应该拥有与其他职业相区别的特点，教师行业也应该如此。

从社会文化的角度看，我们也要认识到，崇尚"老师"的称谓是在社会称谓语缺环的情况下一个好的选择，但是如果降低了这一称谓的使用门槛就会得不偿失。例如，有的电视节目不加筛选地对每一位艺人都称作"老师"，难免存在流于表面、盲目吹捧的不良心理，因为并非所有的明星都是德艺双馨的。

（2）反思。未来，教师的称谓泛化问题应该引起人们的关注，不能因为社会称谓语缺环而无止境地借用"老师"这个称谓。教师作为"太阳底下最光辉的职业"，在社会中承担着传播文化、传承文明的角色。成为一名人民教师，需要学习专业知识，参加专业训练，并考取相应的资格证书。教师这一社会角色，在每个个体的成长过程中都是举足轻重的。教师肩负着传授知识、弘扬美好品德、提升审美、引领学生构建积极向上的精神世界的重要作用。所以，"老师"称谓的泛化现象应该得到一定控制，教师的称谓应该更加具有专属意义。如果不加筛选和限制地滥用"老师"这一称谓，"老师"也会像"先生""小姐""老板"那样被严重泛化甚至本义被无限弱化，失去了最初使用的初衷。因此，我们应该有选择地使用"老师"这一称谓，并且找出一个恰当得体的称谓语来弥补这一缺环，使人们的交际会话更加顺畅舒适。

（六）结语

社会的发展变化会影响语言系统的变迁，同样，语言的演进也会反映出社会历史文化的变迁，称谓系统也是如此。从"老师"一词的历史发展和现状分析来看，"老师"一词不仅代表着教书育人、传授知识的神圣职业，还体现了礼仪之邦对于知识的尊重和渴望。当然，"老师"称谓由于自身语义的广泛、社会历史文化变迁、交际需求等原因，呈现出被泛化的趋势。"老师"和其他用于称呼教师这一人群的同类称谓相比，所指人群更为广泛。除了可以指教育工作人员，也可以用于称呼文学家、播音员、艺术家等社会各界中值得学习的人。甚至可以不考虑职业背景，称会话对象为老师。

如果是基于尊重和崇敬的泛化，有选择、有要求地使用，是合情合理的。如果偏离了这个初衷，则需要人们谨慎处理。"老师"称谓的泛化门槛应该得到提升，对有些不具备相应资历和德行的人，称之为"老师"是对这一称谓的不尊敬。因此，在使用这一称谓时，应避免盲目心理，不能为了交际会话的便捷，而没有原则地使用这一称谓。

第二节 禁忌语

禁忌语与文化之间存在着复杂而深刻的联系，它们相互交织，共同构成了人类社会丰富多彩的语言现象和文化景观。禁忌语，作为人类沟通中的特殊语言形式，承载着丰富的文化信息和社会规范，反映了不同文化的独特性和多样性。

一、禁忌语的起源

在人类社会初期，由于很多自然现象，如闪电、打雷、下雨等，在当时无法解释清楚，所以人们对自然产生了敬畏之心，将自然人格化、神话了，于是一切对自然不敬、不符的语言都是被禁止的，希望得到大自然的庇护，如果违背，就将受到惩罚，于是最早的"禁忌"产生了。但是由于社会的发展进程不同，汉语中关于禁忌语起源的研究要晚于英语。

汉语中，"禁忌"一词最早出现在《汉书·艺文志》中："阴阳家者流……及拘者为之，则牵于禁忌，泥于小数，舍人事而任鬼神。"自此以后，对禁忌的记载层出不穷。例如，汉朝应劭在《风俗通义·正失·彭城相袁元服》中提道："今俗间多有禁忌，生三子者、五月生者，以为妨害父母，服中子犯礼伤孝，莫肯收举。"又如，鲁迅在《且介亭杂文·随便翻翻》中写道："看一本旧历本，写着'不宜出行，不宜沐浴，不宜上梁'，就知道先前是有这么多的禁忌。"

英语中的禁忌语来源于南太平洋玻利尼西亚汤加岛人民的语言"Taboo"

（塔布），意思是"神圣的""不可触摸的""非凡的"，后来又引申为"禁止的""危险的"。后来"塔布"这个词进入了人类学、社会学、语言学等领域，作为一种特殊的社会现象（禁忌）的专有名称而被广泛使用。"塔布"现象包括两个方面：一方面是受尊敬的神物不许随便使用，另一方面是受鄙视的贱物不能随便接触。因此，所谓"语言塔布"，实质上也包括两个方面，一是将语言当作神灵一样来崇拜（即"语言拜物教"）；二是在某些场合对一些特定语言的禁用或代用（即委婉语或鄙视语的使用）。

随着时代的不断进步，人们对各种事物的产生缘由有了根本性认识，所以人们对于禁忌语的认识也发生了实质性的转变，从最初对大自然的神秘感和魔力的信仰，到如今这种神秘感的逐渐淡化减弱，以前不能出现在交际中的言辞现在可以出现了，如在不是特别严肃的场合中，"怀孕""死亡""鬼魂"等词语是可以出现的。

二、禁忌语的成因

（一）自然崇拜

在人类社会初期，由于人们的认知能力低下，无法解释一系列的自然现象，于是当时的人们就自然而然地把这些现象当作是上天给的警告，所以在当时产生了很多与自然有关的禁忌语，当时的人们将自然神化、人格化，最流行的便是自然崇拜。例如，山有山神、灶有灶神、门有门神、海里有龙王等，这些都是人们根据自我的心理认知而产生的虚拟人物，因此产生了与自然有关的禁忌语。

（二）自我联想

禁忌语的产生当然也离不开每个人的自我联想，人们往往会依据很多现象来判断哪些是能说的，哪些是需要忌讳的语言，这种禁忌语的产生就来源于人们的心理联想。例如，英语中不直接说"Die""Ill"，而是用"Pass

Away""Unlucky Thing"等替代，汉语不直接说"死""得绝症"，而是用"走了""做长期斗争"替代。

（三）社会风俗

一个地方的风土人情构成了这个地方的风俗习惯，想要更好地了解一个地方，最快的方法就是去了解它的风土人情，也就是其风俗习惯，从而更好地使自己在跨文化交流中融入其中。

社会风俗对禁忌语的形成也有显著影响。在不同的文化中，对长辈、晚辈、同辈的称呼有着不同的规范，违反这些规范可能会被视为不敬或冒犯。此外，与生死、婚丧嫁娶等相关的习俗也往往伴随着一系列的禁忌语。在许多文化中，直接谈论死亡被视为不吉利或不尊重，因此人们使用诸如"去世""安息"等委婉语来替代。

三、禁忌语的文化功能

禁忌语在文化中扮演着多重角色，它们不仅体现了文化的深层结构，还参与了社会秩序的维护和文化身份的构建。

（一）维护社会秩序与规范

禁忌语的首要文化功能是维护社会秩序和社会规范。在任何社会中，都存在着一套被广泛接受的行为准则和价值观念，这些准则和价值观念通过语言得以表达和强化。禁忌语作为对特定词语的限制或禁止，实际上是对某些行为或观念的一种否定和排斥，从而在社会成员中形成一种共识，即某些行为或观念是不可接受的。

1. 强化道德规范

禁忌语往往与道德规范紧密相连。例如，对性器官的直接称呼在很多文化中都被视为不雅或粗俗，这种禁忌不仅是对个人隐私的尊重，还是对公共道德的一种维护。通过避免使用这些禁忌语，社会成员在交流中能够保持一定的道德底线，避免言语上的冒犯和冲突。

2. 维护社会秩序

禁忌语还涉及对社会秩序的维护。在某些文化中，涉及政治敏感话题、宗教争议或种族歧视的词语可能成为禁忌，以避免引发社会动荡和冲突。通过限制这些词语的使用，社会能够保持相对稳定和谐的状态，减少不必要的纷争和分裂。

（二）塑造文化身份与认同

禁忌语是文化身份和文化认同的重要标志之一。通过限制或鼓励某些词语的使用，塑造了特定文化群体的共同价值观和信仰体系，从而增强了成员之间的归属感和认同感。

1. 强化文化特征

禁忌语反映了特定文化的独特性和特征。例如，某些宗教文化中的禁忌语体现了对神灵的敬畏和信仰；某些地域文化中的禁忌语则反映了当地的历史、习俗和风情。这些禁忌语不仅是对特定文化现象的描述，还是对文化身份的一种确认和强化。

2. 促进文化认同

禁忌语的使用方式往往成为文化认同的重要标志。在跨文化交流中，人们往往通过识别对方是否遵守或了解某些禁忌语来判断其文化认同感和归属感。这种基于语言禁忌的文化认同有助于加强不同文化群体之间的理解和尊重，促进文化多样性和包容性的发展。

（三）传承历史记忆与文化遗产

禁忌语作为语言中的特殊现象，往往承载着丰富的历史记忆和文化遗产。人们通过对特定词语的限制或禁止，保留了某些历史事件、文化传统或民间信仰的痕迹，使后代能够从中感受到先辈的智慧和经验。

1. 保留历史记忆

禁忌语往往与某些历史事件或历史人物相关联。例如，在中国古代，皇帝的名字被视为禁忌语，不得随意提及或书写。这种禁忌不仅是对皇权的敬畏和尊重，还是对历史记忆的一种保留和传承。通过避免使用这些禁忌语，后代能够感受到先辈的权威和威严，从而更加珍视历史文化。

2. 传承文化遗产

禁忌语还是文化遗产的重要组成部分。它们通过代代相传的方式，保留了某些民间信仰、习俗和传说等非物质文化遗产。这些禁忌语不仅是对先辈智慧的传承，还是对后代的一种教育和引导，使他们能够更好地理解和尊重自己的文化传统。

（四）调节人际关系与情感交流

禁忌语在人际关系和情感交流中发挥着重要作用。通过限制或鼓励某些词语的使用，可以调节人们之间的言语行为和情感表达，有助于建立和谐的人际关系和维护良好的情感氛围。

1. 促进礼貌与尊重

禁忌语往往与礼貌和尊重紧密相关。在交流中，避免使用禁忌语能够显示出对他人的尊重和关心，从而增进彼此之间的好感和信任。例如，在正式场合或面对长辈时，人们往往更加注意自己的言辞，避免使用可能引起不适或冒犯的禁忌语。

2. 调节情感表达

禁忌语还涉及情感表达的调节。在某些文化中，直接表达负面情感或批评意见可能被视为不礼貌或冒犯他人。因此，人们往往通过委婉或含蓄的方式表达自己的情感和看法。这种基于禁忌语的情感表达方式有助于缓解紧张气氛和减少冲突发生的可能性，从而维护良好的情感氛围和人际关系。

（五）反映社会心理与信仰体系

禁忌语作为社会文化的重要组成部分，还深刻反映了社会心理和信仰体系的特点。通过对特定词语的限制或禁止，揭示了人们对某些事物或现象的恐惧、敬畏、厌恶或尊重等复杂的情感和心理状态。

禁忌语往往与人们的恐惧、敬畏等心理状态紧密相关。例如，对死亡和疾病的禁忌语反映了人们对这些现象的恐惧和不安；对神灵的禁忌语则体现了人们对超自然力量的敬畏和崇拜。这些禁忌语不仅是对特定现象的否定和排斥，还是对社会心理的一种反映和揭示。

（六）禁忌语的文化演变与适应

值得注意的是，禁忌语并非一成不变，而是随着社会变迁和文化演进不断发生变化。这种演变和适应不仅反映了文化自身的活力和创造力，还体现了人类对语言和社会规范的不断探索和追求。

随着社会变迁和文化演进，某些原本被视为禁忌的词语可能逐渐失去其禁忌性，新的禁忌语则可能随着新的价值观和社会规范的出现而产生。这种变化不仅是对文化自身的一种更新和升级，还是对人类认知和社会需求的一种反映和回应。

在全球化背景下，不同文化之间的交流和碰撞日益频繁，这为禁忌语的发展带来了新的挑战和机遇。一方面，全球化促进了文化多样性和包容性的发展，使得不同文化之间的禁忌语现象更加引人注目；另一方面，全球化也加剧了文化冲突和误解的可能性，使得禁忌语成为跨文化交流中需要特别关注的问题。因此，在全球化背景下，如何正确理解和尊重不同文化中的禁忌语现象，促进不同文化之间的和谐共处和共同发展，成为一个亟待解决的问题。

因此，在研究禁忌语文化功能的过程中，我们需要保持开放和动态的视角，关注其在不同文化和历史时期的具体表现和作用机制，以更全面地理解其复杂性和多样性。

四、跨文化交流中对禁忌语的处理

在全球化的今天，随着国际交流的日益频繁，如何恰当地处理禁忌语，避免误解和冲突，成为跨文化沟通中的重要课题。

（一）委婉语的使用

最简单的方式就是使用委婉语来代替禁忌语，也就是使用具有同样意思但表达相对含蓄委婉的语言来表示，这样既可以更好地表达自己想要表达的内容，又能很好地处理禁忌语带来的尴尬与不适感。

例如，在谈话场合，为了避免使用听起来带有粗俗之意的有关排泄等方面的词语，可以用其他表达来代替，即"去洗手间""补一下妆""方便"等；英语中也有诸多不同的表达"To Wash One's Hand""To Fix One's Face""To Powder One's Nose""To Tidy Oneself up"等。

（二）另找话题

因为在跨文化交流中，我们无法确定什么是谈话对象不愿意提及的话题，所以我们可以避开一些属于禁忌范畴的话题，而去找一些中规中矩，不会无意中涉及别人隐私的话题来代替，避免冷场。

另外，在和人交流的过程中，为了避免在不经意中冒犯他人，有时在谈论中忽然牵扯到敏感话题时，我们就需要立即转换话题，这样既可以避免莽撞带来的不愉快，又可以使交谈双方很快摆脱不适感，不再拘束。例如，因为当今美容技术的突破性发展，女性的年龄有时不再能够通过外表来直接看出，所以在和不是很熟悉的女性朋友交流时，千万不要轻易地或间接地打探别人的年龄，需要另找话题，如化妆品、服饰等女性朋友们喜爱的话题。

（三）使用身势语

人们的日常交流是离不开语言的，但是语言不是唯一的交流工具，文字、旗语、信号灯、身势动作都可以达到一定的交流目的。在平常的交谈中，如果只是说话而没有任何身势语的配合，那么这种交流必定是死气沉沉、毫无交流氛围的，但如果只是身势语，就容易模糊交流的目的，无法使对方了解自己的表达内容，所以语言和身势语应该配合使用。

在跨文化交流中，有时突然说到应该避讳的语言时，为避免此语言带来的不快与尴尬，可以使用身体动作来表达，达到一切尽在不言中的效果，通过身体动作的掩饰来略过禁忌语。

跨文化交流中对禁忌语的处理是一项复杂而重要的任务。通过使用委婉语、另找话题、使用身势语等策略，我们可以有效地减少因禁忌语使用不当而引发的误解和冲突。同时，通过不断学习、参与文化交流活动、阅读多元文化文献及寻求专业指导等途径，我们可以不断提升自己的跨文化沟通能力，为构建更加和谐、包容的世界贡献力量。在全球化日益加深的今天，掌握跨文化交流技巧，特别是禁忌语的处理能力，已成为每个人必备的重要素养。

第三节　地名与文化

地名是语言词汇的一个组成部分，是人们在日常生活中创造出来的，它既是一种通用的语言标志，又是一种具有代表性的区域文化。《中国文化地名学》中指出，地名可以反映出人们的社会行为，这与地域的风俗文化、群众心理、社会形态都有关联。地名也因此成为不同地区文化发展、传播的载体。

地名与文化之间的关系，是一种深层次、多维度的互动与融合，它们相互影响，共同构成了人类文明的多彩画卷。每一个地名的产生都是有理有据的。在中华文明几千年的灿烂发展史中，人类与地域之间的联系密切。本节把长春市、白山市的地名作为研究对象，从社会语言学的角度探究地名与文化的关系，可以更好地了解东北地区的民族文化。

一、地名的命名

（一）古代地名

"地名"作为专有名词，第一次出现在战国时期。在中国，关于地名词源的研究有着悠久的历史。在《谷梁传》中，就曾有关于"水北为阳，山南为阳"的定名思想。在《汉书音义》《十三州志》和《地理风俗记》中，有许多关于地名的词源学方面的论述。郦道元在《水经注》中对古代地名的定名规律进行了归纳和总结，在地名词源学方面有突出的建树。自此以后，对地名的词源学的探讨，几乎成了所有历史文献中必不可少的一项。唐代李吉甫的《元和郡县图志》、北宋乐史的《太平寰宇记》、北宋王存的《元丰九域志》、北宋欧阳忞的《舆地广记》等，都是与地名语源研究有关的著作，为后人进一步的研究奠定了基础。

（二）近代地名

地名研究是随着社会的发展而逐步发展起来的，人们对地名的理解也日益深入。例如，石开忠在《贵州地名来源探析》中就提出地名是在漫长的历史进程中产生并发展的，它是人们的行为结果。熊树梅在《中国地名的起源和演变简论》中指出，地名的来源和意义非常复杂，一种是自然的，另一种是社会的，还可能是由于经济的发展、民族的迁徙、战争的频繁，以及社会的变迁引起的。除此之外，华林甫的《中国地名史话》、符祥策的《黔东南州地区的地名来源及特点探究》、金美的《贵州民族语底层地名命名和语用变易的成因》等对地名的起源、特点和分布都进行了论述。

二、长春市地名分析

（一）长春市地名命名的结构特征

1. 语音结构

语音结构在文学中通常指的是语言中声音元素（如音素、音节、重音和语调）的组织和排列方式。这些声音元素在诗歌和散文中起着重要作用，也深刻影响着地名命名。通过研究语音结构，我们可以更好地理解和欣赏地名的内在美感和表现力。

（1）音节结构。从音节的构成来看，大致可以分为单音节词、双音节词及多音节词，由于古代生产力发展水平相对落后，人与人之间的社交跨度及社交范围较为狭窄，单音节的地名足以支撑人们之间的沟通交流。但随着政治经济的不断进步与发展，单音节词汇无法满足人们的日常交际需求，故地名逐渐变为以双音节为主，并有向多音节词汇发展的趋势。

按照长春市行政区划（以街道、乡、镇为主），将长春市地名音节划分为双音节地名、三音节地名、四音节地名、四音节以上地名。

双音节地名：桃源、全安、永吉、曙光、南岭、永兴、自强、民康、新春、净月、长通、临河、会展、鸿城、明珠、富裕、彩织、博硕、德正、福祉、德容、玉潭、新湖、幸福、宽城、新发、南广、东广、站前、柳影、群英、凯旋、兴业、团山、欣园、北湖、兰家、万宝、合隆、奋进、南湖、红旗、前进、永昌、湖西、重庆、桂林、清和、富锋、永春、乐山、双德、二道、东盛、荣光、吉林、东站、远达、世纪、长青、泉眼、英俊、四家、绿园、普阳、锦程、春城、铁西、东风、林园、同心、合心、西新、城西、双阳、平湖、云山、奢岭、山河、太平、鹿乡、齐家、九台、营城、九郊、龙嘉、东湖、兴隆、纪家、兴港、宝塔、黄龙、和谐、兴农、农安、开安、烧锅、靠山、华家、三岗、前岗、龙王、万顺、永安、新农、榆树、正阳、培英、华昌、城郊、于家、泗河、土桥、新立、黑林、大坡、闵家、弓棚、大岭、保寿、秀水、刘家、八号、新庄、环城、城发、先锋、恩育、太安、红星、育民、青山、德惠、惠发、建设、胜利、郭家、布海、天台、五台、朝阳、同太、边岗、长德。

三音节地名：兴隆山、米沙子、八里堡、青年路、西营城、卡伦湖、土们岭、波泥河、沐石河、城子街、其塔木、上河湾、伏龙泉、三盛玉、哈拉海、高家店、巴吉垒、万金塔、杨树林、小城子、黄鱼圈、青山口、夏家店、大房身、大青咀、岔路口、朱城子、达家沟、松花江、菜园子、劝农山、新立城。

四音节地名：东方广场、硅谷大街。

四音节以上地名：龙山满族乡、延和朝鲜族乡、胡家回族乡、莽卡满族乡、双营子回族乡。

根据图 5-1，长春市的地名中并没有单音节的情况出现，主要以双音节的地名为主，双音节地名占总数的 79%，三音节占比为 17%，四音节占比不足 1%。而四音节以上的地名仅占总数的 3%。三音节和双音节的地名占比最高，这表明在乡镇命名过程中，需要考虑简洁性和易记性，以避免因音节过多而导致的记忆困难，从而使地区之间的人际社交变得复杂化。

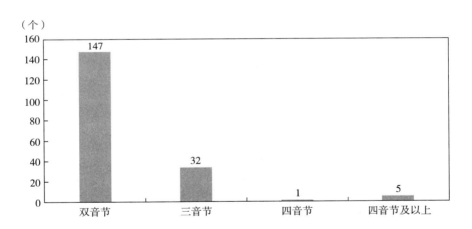

图 5-1　长春市地名音节划分

资料来源：笔者整理。

单音节地名逐渐消失，双音节地名占比较高，同时多音节地名的比例也在逐渐增加，笔者认为这与经济社会发展有着巨大的关系。随着经济社会的不断发展，人们活动的面积逐渐增加，交流范围逐渐增大，对于地区划分也逐渐细致，原有的单音节地名难以满足人们日常的需要，这就导致多音节地名数量的大幅增加，这也是经济社会发展的必然结果。

（2）地名平仄分布。地名命名中一个重要的考量因素是其口语流畅性和易记性。一个优美易记的地名能够提高人们对其的接受度，并且有更强的传播力。这种地名有助于促进跨地区之间的社交往来。相反，拗口难记的地名可能会在人际社交中带来不便。

在地名的命名中，我们可以观察到"平"和"仄"的运用。这是顺应音韵规律的合理选择。由于"平声"在音调上较为平直，而"仄声"具有曲线的特点，因此在地名的命名中，也会考虑对应的音调特点。"平"和"仄"交替出现，混合搭配，这种对音调特点的运用使得地名的取名更加符合语音规律，也为地名赋予了一定的音韵美感。长春市地名平仄划分主要有双音节平仄分布、三音节平仄分布、四音节平仄分布、四音节以上音节平仄分布。

第一，双音节平仄分布。

双平声：合隆、新春、长通、桃源、临河、鸿城、明珠、新湖、群英、团山、欣园、清和、南湖、红旗、湖西、吉林、荣光、长青、春城、同心、林园、东风、合心、西新、城西、云山、平湖、山河、齐家、营城、兴隆、东湖、龙嘉、兴农、和谐、黄龙、农安、开安、华家、烧锅、龙王、新农、培英、华昌、城郊、弓棚、刘家、黑林、新庄、于家、红星、先锋、城发、环城、青山、天台、郭家、朝阳、石龙、全安、民康、德容、宽城、新发、兰家、双德、双阳。

前平后仄：南岭、重庆、前进、东广、南广、英俊、泉眼、奢岭、三岗、前岗、八号、博硕、德正、福祉、兴业、东盛、东站、兴港、新立、同太。

前仄后平：自强、永吉、曙光、永兴、玉潭、幸福、站前、凯旋、永昌、桂林、富锋、永春、乐山、远达、四家、铁西、正阳、普阳、锦程、太平、鹿乡、九台、九郊、纪家、靠山、永安、大坡、闵家、土桥、泗河、育民、惠发、彩织、北湖、绿园、榆树、边岗。

仄仄：奋进、净月、柳影、世纪、宝塔、万顺、秀水、大岭、胜利、建设、布海、万宝、会展、富裕、二道、保寿。

第二，三音节平仄分布。

平仄平：新立城、城子街、其塔木、杨树林、波泥河。

仄平仄：米沙子、土们岭、万金塔、小城子、夏家店、大青咀、菜园子。

仄平平：劝农山、沐石河、范家屯、卡伦湖、上河湾、大房身。

平仄仄：八里堡、三盛玉。

平平仄：青年路、哈拉海、高家店、巴吉垒、黄鱼圈、青山口、朱城子、刘房子、双城堡。

平平平：西营城、伏龙泉、松花江、达家沟、兴隆山。

仄仄仄：岔路口。

仄仄平：苇子沟。

第三，四音节平仄分布。

平平仄仄：东方广场。

第四，四音节及以上音节平仄分布。

全平：胡家回族乡。

平仄：龙山满族乡、延和朝鲜族乡、莽卡满族乡、双营子回族乡。

根据表 5-3 统计的数据，我们可以得出以下结论：长春市地名中，平仄搭配的声调占比最大，共计 94 个，占比 51%，其次是全平声调，共计 73 个，占比 40%，全仄声调最少，共计 17 个，占比 9%。另外，在双音节地名中，共有 67 个全平声调，16 个全仄声调，59 个平仄相间声调，并且全平声调多于全仄声调和平仄相间声调。因此可以得出，双音节地名以全平声调为主。在三音节地名中，有 5 个全平声调，1 个全仄声调，30 个平仄相间声调，可见，在三音节地名中主要以平仄相间音调为主。在四音节及以上地名中，有

1个全平声调，4个平仄相间声调，地名以平仄相间声调为主。

表5-3　长春市地名平仄分布情况

音节构成	全平声	全仄声	平仄相间	合计（个）
双音节（个）	67	16	59	142
三音节（个）	5	1	30	36
四音节（个）	0	0	1	1
四音节及以上音节（个）	1	0	4	5
总计（个）	73	17	94	184
占比（%）	40	9	51	100

资料来源：笔者整理。

根据图5-2和图5-3可知，全平声调占总体数据的40%，平仄相间的声调搭配占据51%的比重。可能有如下原因：从发声方式来说，平声的音高不增不落，气流在口中缓慢释放，所以在发声过程中较为省力。仄声则与之相反，仄声气流释放强劲，要发出声音需要很大的力气。从听众的角度来说，平音要比仄音好听得多。由于地名是社会生活中正式出现的一种语言形式，它既要求发音清晰，又要求容易记住，因此，平声声调被大量用于地名的命名中。

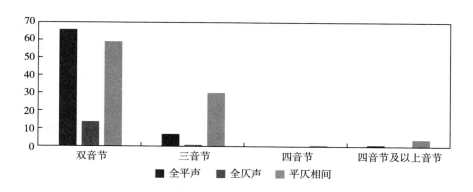

图5-2　长春市地名声调搭配情况

资料来源：笔者整理。

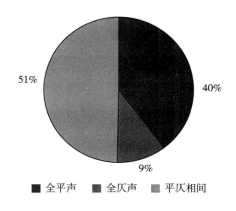

51%　　　　　　40%

9%

■ 全平声　　■ 全仄声　　■ 平仄相间

图5-3　长春市地名的声调搭配占比

资料来源：笔者整理。

2. 词汇特征

地名通常由两部分内容组成，分别是"通名""专名"，通名主要指通用的名称部分，如"村""屯"等，"专名"指的是用于区别某个地方的标志性词语。长春市地名的构成形式大概有三种："专名+通名""通名+专名""专名+通名+通名"。

（1）"专名+通名"形式。"专名+通名"是地名命名中一种最为普遍的形式，长春市地名中的通名大多使用"沟""子""屯""岭""堡""店""坡""城""圈""口"等。例如：新立城、苇子沟、城子街、杨树林、桑树台、米沙子、土们岭、万金塔、小城子、夏家店、菜园子、范家屯、八里堡、青年路、哈拉海、高家店、黄鱼圈、青山口、朱城子、刘房子、黑林子、双城堡、毛城子、西营城、伏龙泉、达家沟、陶家屯、朝阳坡、秦家屯、岔路口、南崴子、苇子沟。

（2）"通名+专名"形式。"通名+专名"的形式在长春市地名命名中并不是很常见，通常使用方位名词来区分地点，如南岭、东广、南广、前岗、站前、岭东、岭西。这种命名形式大多数没有什么相对应的历史意义，只是用明显的地理位置来区分方位，便于识记。

（3）"专名+通名+通名"形式。与"专名+通名"的方式相比，这个地名的划分更加精细，因为它整体上依然是"专名+通名"的方式，只是将专名进行了分类，然后组成了一个"专名+通名"的小结构。例如：高家店镇、伏龙泉镇、兴隆山镇。

总体来看，长春市地名的命名主要是依据"专名+通名"的形式来进行的，但划分并不是绝对的，也会出现一些其他的形式，如专词叠用等。

（二）长春市地名命名的依据

地名命名需要依据一定的原则并加以现实考量，并不是出于主观臆造，而是要根据某地区的现实特征和条件，经过思考整合从而得出名称。地名作为一个地区的文化标志，内部蕴含着一个地区的时空变化。地名作为一种特殊的媒介，在社会交往、经济发展中具有重要作用。地名作为一种文化的传承载体，意义非凡。通过对长春市地名的研究，可从中窥探出地名中承载的社会文化。

1. 以地貌特征而命名

长春市位于松辽平原的腹地，地理地势特点呈现出一定的特色。从西向东延伸，长春市地势由台地平原逐渐过渡到低山丘陵，整体上以平地为主，同时也有少量的低山丘陵地形。总体来说：东高西低，台地、平原、低山丘陵构成长春市基本的地貌特征，具有"一山四岗五分川"的地貌格局。因此在命名中，常常出现"山""岭""坡""岗"等词语。

土们岭：该地位于山岭之上，海拔较平地高，故称之为土们岭。

南岭：因为地处相对较高的土丘之上，故称为岭，又因所处方位，命名为南岭。

三道岗：屯子的南边为草原并有大水泡，屯子北部为平原，可大面积种植农田，屯子的东西两侧地势高而险峻，方圆几十千米有三处相似地貌，故称三道岗。

长春市境内拥有 200 多条水系，其中一些较为著名的水系包括沐石河、伊通河和双阳河，所以部分地名的命名常出现"江""河"等，如"临河街、南溪湿地"等。

2. 以历史族群活动而命名

自原始社会起，人类便形成了以族群为单位的生活方式。这种生活方式促使人们形成了以姓氏为基础的居住形态。人类通过群居的方式繁衍生息，并延续至今。尽管历史上出现过几次大规模的人类迁徙，但这种居住形态仍然得以保持。由此可见，地名与姓氏之间存在着紧密的关联。在分析长春市地名时，我们可以发现许多地名将姓氏或聚居族群名称作为命名依据。

红旗屯：清代划分满清八旗，红旗为其中一旗，红旗人在此地耕种劳作，形成部落，久而久之大家称此地为红旗屯。

达家沟：与"大家沟"同音，据说是清代几家共同开垦此处荒地，后取名为大家沟。

3. 以军事活动而命名

明朝建立之后，制定了一套完整的军事制度。在京师和郡城之间，都有重兵把守，五千六百人为卫，一千一百二十人为千户所。嘉靖之后，在原来镇戍制的基础上，逐步确立了营伍制，征召来的士兵大多被编到了军营之中。按照伍、什、队、哨、总、营的形式编制，后逐渐应用于当地的地名命名之中。

如今长春市地名中带有"屯""营""台"的地名大多数与古代的屯兵制度有关。

九台：康熙年间，在吉林省境内修筑柳条边（边墙），防止汉人和蒙古人进入，共置 28 个边台，今天的九台正处于当时的第九台，故称九台。

西营城：辽金时期，将此地作为行军兵营，当时称之为南营城，后为了与东营城煤矿进行区分，则改为西营城。

4. 以民族聚居而命名

长春市是一个多民族聚居的地区，居民主要是汉族，辅以回族、满族、朝鲜族等少数民族。尽管随着时间的推移，一些少数民族的语言已逐渐消失，但在早期的地名命名中，民族因素已经融入其中。

例如，长春市存在着一些以民族名称命名的地名，如"胡家回族乡""龙山满族乡""延和朝鲜族乡""莽卡满族乡""双营子回族乡"等。这些地名反映了当地的多民族特色，并展示了各个民族在该地区的聚居和文化传承的重要性。这种地名不仅彰显了地区的多元文化背景，还对长春市的历史和社会发展具有重要意义。

三、白山市地名分析

（一）白山市地名的结构形式

地名采用专名加通名的结构可以最大程度上区分该地不同的地物实体。通名在使用的过程中会被转化成专名，如行政规划的通名，人们通常称白山市为"白山"。地名中的专名可以反映出一定区域内地理和文化的特性，在白山市地名的专名中有表示颜色的"黑沟"，有表示方位的"西南岔"。《汉语地名与多彩文化》中指出，地名的结构形式有地理学和语言学两个研究角度，每个区域的地名都有独属于当地的专名，没有地理的专名没有地名可言。我们将白山市的 497 个地名分为专名和通名两个结构进行分析。

白山市地名中的专名有很多，如"大蒲春河"这一地名来自满语，"蒲春"在满语中的意思是马口鱼，所以这一地名的含义就是马口鱼较多的河。然而白山市地名中的通名如"东大村"，这是按照行政区划划分出的类别，该类别属于村级。白山市地名中的通名具有共性，其作用是用于辨别地名的具体类别，而白山市地名中的专名具有特性，能够反映出白山市特有的风俗文化。白山市的通名可以反映出生活在白山地区的人们对白山市地物的分类，白山市的专名可以反映出生活在白山地区的人们对白山市存在地物的具体认识，能够体现出白山人的逻辑思维。

1. "专名"结构

白山市的地名存在较为特殊的情况，就是白山市的地名中有大量只有"专名"没有通名的地名，如"长白山""老岭""榆树川""孤砬子""大水硿沟""三棚湖""后大窝子""滚马岭"等。"滚马岭"因为山坡地势陡峭马匹无法通过而得名；"马面石"的命名是因为这里有一块形似马面的石头；"新开岭"因其附近有一座较陡的山岭，人们行走艰难后来修建了一条贯穿此岭的通道而得名。这种"专名"结构类型地名形成的原因主要是这些专名具有特色和较强的识别度，无通名也不会对交流产生影响。

2. "专名+通名"结构

地名的结构形式通常由专名加上通名，白山市的地名构成形式也体现出这样的规律，由名词性和形容词性的语素加上通名构成，但也存在特殊的形式就是动词性语素加上通名的结构。

（1）"名词性语素+通名"结构。名词性语素加上通名的结构有两种构成方式，一种是方位名词性语素加上通名，另一种是一般名词性语素加上通名。方位名词性语素反映出具体地理位置的方向，体现出人们对方向的判别，在命名时人们以标志性的建筑作为参照并在通名前加上具体的方位名词。体现在白山市的地名中有"上、下、前、后、东、西、南、北"等表示方位的名词，如"上甸子""上营子""下甸子""下二股流""葫芦套""前葫芦""后葫芦""东岗""西岗""西南岔""北岗"等。"西北岔"，因草爬子沟往西北方向分出一条沟岔而得名；"东岗"，是因为坐落在抚松县东部的山岗，所以称为"东岗"。

白山市地名中的专名除了方位名词性语素外，还有一般名词性语素作专名的情况，如"阳坡""参场""窑沟""驮道"等。"阳坡"，因此地的山坡坐北朝南比较平缓，当地人称为"阳坡"；"驮道"，因此地的一条小道常年有牛马运送货物，所以这个地方被称为"驮道"；"窑沟"，因此地早年有一个木炭窑而得名。

（2）"形容词性语素+通名"结构。白山市地名中的专名还存在形容词性语素加上通名的结构。白山市地名采用的形容词性语素主要有"大、小、老、新、干"等，如"大西北岔""大不远""小不远""小营子""老秃顶子""老龙岗""新北岗""新开沟""干沟""干饭盆"等。"大西北岔"是西北岔屯北侧较大的一条岔沟，因此被当地人称作大西北岔；"新开沟"是因为这里有一条雨水冲出来的沟而得名；"干沟"是此地有季节性流水，但有时整年无水因而被称为"干沟"；"干饭盆"是因此地树木茂密，故当地人称呼此地为"干饭盆"。

（3）"动词性语素+通名"结构。白山市地名中存在较为特殊的一种通名结构就是动词性语素加上通名，如"甩湾子""拖拉腰子""劈砬子""报马川""吊打""抽水"等。动词性语素"甩"表示方位，具体指的是鸭绿江的转弯处有人居住；"吊打"，因在这里伐木时，掉落的树枝常打到人，故得名"吊打"；"抽水"，因当地的山洞下雨时发出好似打鼓敲锣的声音，因而得名"抽水洞"，之后简化为"抽水"。

3. "通名/专名+方位名词性语素"结构

白山市地名中还有通名或专名加上方位名词性语素的结构。这种结构前部分的通名表示地物的一般特征、专名用于指位，后部分的方位名词性语素则指明方向，如"滩头""江东""江北""山上""站前""河北""站西""城内""城南""城北""大西""大东""河东""岗头""坡口"等。"滩头"，因当地处于二道松花江的白水滩上而得名；"江北"，因在浑江的北面所以被人们称为"江北"。

（二）白山市地名的修辞特点

人们在对地名进行命名时，会抓住地名的特征并用修辞的方式使地名更加生动形象，这不仅便于人们记忆，还有利于文化的传承。白山市地名运用的修辞方式主要有借代和比喻，这两种修辞方式使白山市的地名显得更加的生动和鲜活。

1. 借代式地名

白山市的借代地名，其借体与本体之间紧密相连，主要的借代类型有以产业借代、以自然景观借代及以特产借代。

（1）以产业借代。白山市地名中运用了借代的地名有"三扶参场""参场""酒厂""窑沟""油坊沟""酒厂东山""老烧锅沟""何家油坊东山""煤窑沟"等。"参场"，曾有人在此地种植人参，故称为"参场"；"煤窑沟"，当地人曾在此沟内生产无烟煤，人们把此地称为"煤窑沟"；"酒厂"，因此地曾建过酒厂而得名，该厂是这个地方的代表性产业，所以用"酒厂"给这片地域命名并沿用至今。同理，"窑沟""油坊沟"等都是运用了借代中部分代整体的修辞方式。

（2）以自然景观借代。白山市地名中，除了以产业给相关的区域命名外，还有以自然景观给区域命名的情况，如"烟筒砬子沟""砬子沟""小冻沟""关门砬子沟""大湖小沟"等。"孤砬子"，得名于沈阳公路西侧天池上一处高30米、长80米的石砬子；"三棚湖"，因此地附近有几处大水泡子，此处为第三个水泡子，以这个特征明显的自然景观给地名命名，运用了部分代整体的修辞方式；"迎门岔岗"，此处有一条小沟，沟口正对着另一个山岔，后来人们就以"迎门岔"为地名；"滴水沟"，人们用几处常年滴水的小型瀑布给这片区域命名，这里是把瀑布的特征借代为地名。

（3）以特产借代。白山市地名多以典型事物指称或者以盛产的物产命名，如"臭松沟""菜园子沟""榆树川""旱沟""细鳞河""大黑松沟"

"大苇塘沟""蛤利剌沟""大八宝沟""松树趟子沟""青顶子""杨木顶子""夹皮沟""错草沟""砂金沟""扁担胡子沟"等。"臭松沟",因此沟内臭松较多而得名;"菜园子沟",因此沟内多产野菜被人们称作"菜园子沟";"榆树川",早年此地多榆树,又是一处比较平坦的地方,故称"榆树川";"旱沟",因此沟内盛产旱葱而得名;"大苇塘沟",因早年此沟内多生芦苇,故当地人称此地为"大苇塘沟"。由此,我们可以推断白山地区生态环境非常优良,才会有这么多用特产命名的地名。

2. 比喻式地名

人们运用比喻的修辞方式使抽象的事物形象化,不仅使地名变得通俗易懂,还可以加深人们对这一区域的印象。白山市地名中常见的动物喻体有"鸡、鹿、蛇、猫、鹰、猪、熊、羊、牛、虎、蛤蟆"等,这些喻体反映出白山人的风俗习惯和社会理想。

（1）用动物名或动物器官名比喻。白山市地名中运用动物或动物名作比喻的地名有"野鸡背""鸡冠砬子""马鹿沟""鹿尾巴沟""长虫沟子岗""猫耳山""老母猪圈""黑瞎子沟""大羊岔""牛心山""卧虎山""蛤蟆川""老龙岗""龙口瀑布"等。"猫耳山"是因山顶部有两座对峙的山峰,远望形似猫耳,故名猫耳山;"牛心山"是因地形如牛心状而得名;"老龙岗"是因此地山岗较大、蜿蜒起伏故得名;"卧虎山"是因山势狭长,两头高而中间低,如同一头俯卧的猛虎,故名"卧虎山";"龙口瀑布"是因整个七道沟风景区的鸟瞰形状似蛟龙吐水,而此瀑布正处于龙口部分,因而得名。这些地名不仅能够反映出白山地区特有的动物种类,还能反映出当地的地形和地貌。

（2）用生活物品比喻。白山市地名中还有运用生活物品命名的地名。例如,"灯台沟",因为这里有块石头像灯台,人们便给此地命名为"灯台沟";"烟筒砬子山",因此地山腰处有一个圆形石柱高数丈,每当朝阳升起之前,人们远眺此山如见一烟筒，故而得名；"元宝顶子山"，因山峰呈现元宝形被人们称为"元宝顶子"；"金刚钻山"，因山顶形似金刚钻得名；"槽子河"，因该河两岸陡立，河道窄深，形似槽子而得名；"梯子河"是因该河由玄武岩构成，横断面下宽上窄像是梯子，因而得名。白山市地名中运用比喻修辞的地名还有"板石河""高椅小山""草帽顶子""马鞍山""影壁山"等。白山市地名运用了大量修辞方式来表现这些地方的特点，人们在地名中使用这些修辞方式的目的是让地名更加生动、形象，具有美感。

（三）白山市地名的文化内涵

白山市依山邻水，地名自然而然就画上了山水的符号。白山市拥有得天独厚的地理环境，加上白山市悠久的历史，共同构成了白山市地名中深刻的文化内涵。语言是一种文化现象，语言中的地名也是一种文化现象。一个地区的地名不仅可以见证该区域的历史，还可以体现该区域人们的社会活动。所以，一个区域的地名所具有的文化内涵是真实而丰富的，白山市的地名代表着白山市独特的风土人情。地域文化指的是在一定区域范围内特定人群的行为方式和逻辑方式，地域文化研究的基本对象是生活在不同区域的人们，以及所具有的文化符号、行为方式及其发生、发展规律。白山市拥有悠久的历史，所以其文化底蕴也极为深厚。白山市地名中体现出白山市的历史进程，其中不仅有关于政治制度、军事斗争、生活习惯等通过客观存在体现出的文化，还有通过人们的期盼、姓氏家族、文化理念等精神体现出的文化。

地名作为一种文化现象，不仅可以体现出历史，还可以反映出地理。白山市的地名构成了长白山文化，体现出长白山地区独具特色的地理风貌，承载了长白山地区悠久的历史。李如龙提出，历史事件发生后会造成特定区域内的地名与该历史事件相关，这反映出历史文化景观。所以，白山市的地名受到客观存在的事件、白山人的智慧及政治制度等三方面共同的影响，蕴含着多彩的长白山文化，浸透着本地区的社会形态和精神信仰。

1. 白山地名与地域文化

白山市位于长白山地区，白山全境有龙岗山脉和老岭山脉斜贯，境内大部分地区属于长白熔岩台地和靖宇熔岩台地，因此白山境内山峰重峦叠嶂、连绵不绝，沟壑交错、江河纵横。尤其是鸭绿江沿岸的地形起伏较大，沟谷纵横、地势险要。因此，白山市的地名体现出白山市独有的地域文化，白山市的很多地名都与山水地貌有关。山是富有变化的，具有高低起伏的特征，这也体现在白山市的地名中，白山市有"岭、峰、岗、顶、坡、崖"等不同的描写地形地貌的词。"岭"指因地势自然形成的高大山脉，主要有"干河岭""锦南岭"等；"峰"本义指山凸出的尖顶，在白山市的地名中有"梯云峰""卧虎峰""玉柱峰""芝盘峰"等；"岗"指山凸出的地方如"头道岗""二道岗""石龙岗""黑影岗"等；"顶"指的是山的顶端，如"东老秃顶子""错草顶子""杨木顶子""一棵松顶子"等；"坡"指地势倾斜的地方，如"阳坡""喘气坡""老坡口"等；"崖"指山或高地的边缘，如"棒槌崖""悬雪崖"等。

白山市的地名中还有描写水系的词，如"江、河、泉、瀑布、洞、滩、洲"等。"江"泛指所有稍大的河，在白山市的地名中与"江"有关的地名有很多，如"鸭绿江""锦江""漫江"等；"河"指的是由较高的地势发源的自然形成的水道，如"头道沟河""西南岔河""大黄泥河"等；"泉"指的是地下水，以"泉"为名的白山市地名有"锦江泉""天水泉""松江泉"等；"瀑布"指的是从山壁上或河床突然降落的地方落下的水，在白山市的地名中有"龙口瀑布""龙岗瀑布""五股流瀑布""龙潭瀑布"等；"洞"指的是水流较为快速的地方，如"仙人洞""老虎洞""鸠谷洞"等；"滩"即有水流经过的地方，在白山市的地名中有"白水滩""贝水滩""滩头"等；"洲"指的是水中的陆地，在白山市的地名中有"临江沙洲""大栗子大沙洲""望江楼沙洲"等。

2. 白山地名与家族文化

中华民族自古就是重视家族的民族，因此家族的观念对生活在中华大地上的人们极为重要，并且已经深深地刻入中华儿女的骨子里。地名也会体现出"姓氏"和"家族"。一个家族的标志就是姓氏，特定的区域内某种姓氏人数比较多，可以说明这个姓氏人丁兴旺。正因如此，在地名中采用姓氏加上家族的结构，可以反映出中国人骨子里的家文化理念。这一类命名在白山地区比较常见，它的结构通常是姓氏加上通名，如"卢家沟村""吴家营村""邱家岗村""黄英沟""史大粮户""相家沟""孟山"等。"黄英沟"，有一个叫作黄英的人在这里住过，此地便得名黄英沟。"相家沟"，因有相姓人家在此居住，故得名"相家沟"。"孟山"，因有一户姓孟的人家在这里住过而得名。在白山市依姓氏命名的专名有很多，我们可以从中感受到，白山人对于家族观念有着很好的传承。在这些以姓氏命名的地方，大多都是一个姓氏的大家族一起居住。

3. 白山地名与神话传说

白山地区具有悠久的历史，有一些地名来源于神话传说，如"六道沟镇火绒沟村"，就是根据土财主钱黑心因为欺负小猪倌李小，抢走神仙老婆婆给李小避寒的火绒衫，最终在参加酒席后由于太冷在山沟树洞中取暖不小心烧死了而得名。"珍珠门"，传说是孙悟空和老龟相争一颗珍珠，导致珍珠落入凡间，由于珍珠像是一道门，因而得名"珍珠门"。其他还有"雕窝碴子""蒲春河"等也是根据传说命名的。

4. 白山地名与美好愿望

除了前文列举的命名依据外，白山市还有一些地名是以行政区划的级别来命名。这些地名可以反映出白山人对未来生活的美好期盼，如"平安村""长隆村""丰产村"等。在白山市的地名中有深远寓意的，如"富国村""富兴村"就是寓意当地可以不断地富强。白山市的地名有的还表达了白山人对家乡的自豪感及积极向上的生活态度，如"大安村""宝山村""太平村""兴隆村""万福村"等。这类地名传达给我们的是白山人对生活富裕、万事如意、家庭温馨的无限憧憬。此外，还有一些地名如"团结村""向阳村""仁和村""崇理村""万良镇""富民村"等，体现了白山人乐观昂扬的精神面貌。

5. 白山地名与历史文化

地名不是一成不变的，它也会随着时代的变化而变化。同一个地方在不同的历史空间下存在着一定程度上的差别，而这种差别往往会展现出时代的特色。白山市的原名为"浑江"，该地自新石器时代就有人类活动。此外，白山市的"长胜村""胜利村"，是纪念抗日战争胜利而起的村名。"靖宇县"是纪念抗日英雄杨靖宇的英勇事迹而得名。"新华村""兴华村"是庆祝新中国成立而起的村名。"支边村"是纪念支边活动而起的村名。"新农村"这一村名可以看出新时代的农村发展。这些地名均凸显出不同时代的特征。

6. 白山地名与满族文化

满族起源于长白山地区，因此满语在白山地区曾占有重要的地位，这也体现在白山市的地名中。在白山市有很多以满语命名的地名，随着时代的变迁，虽然有一部分没能保留下来，但目前依然存有一定数量的满语地名。这些保存下来的满语地名不仅是研究满族历史文化的重要语料，还蕴含了满族特有的遗风余俗，更重要的是这些用满语命名的地名是长白山文化的重要组成部分。例如，"苇沙河"，"苇沙"在满语里是天麻的意思，苇沙河就是两岸长有天麻的河；"闹枝"，满语的含义是拳头，因此处为拳头形的沟所以称为闹枝；"海青沟"，"海青"满语是雀鹰，意为有雀鹰的沟；"青沟"，该地名来自满语，意为水浅的沟，有鸟鸣叫的沟。

四、结语

综上所述，地名与文化之间的关系是深远且多维度的，它们相互依存，共同构成了人类历史与文明的丰富画卷。长春市和白山市的地名，作为这种关系的具体例证，为我们揭示了地理空间的命名逻辑，更深层次地，它们如同一扇扇窗口，让我们得以窥见历史的沧桑巨变及文化的多元共生。

长春市的地名，不仅是对过去行政建置的直接反映，还更是当地人民对安定生活、繁荣发展的美好愿景。白山市的地名，则更多地体现了对自然美景的崇敬和对民族文化的尊重。地名不仅是文字的堆砌，还是活生生的文化符号，承载着地方的历史记忆、民俗风情等多元文化元素。长春市和白山市的地名，就是两部生动的历史教科书，讲述着这片土地上的故事，传递着世代相传的价值观念和精神追求。

因此，保护和传承地名文化，不仅是对历史的尊重，还是对文化的传承和发展。通过深入挖掘地名背后的文化内涵，我们可以更好地理解地方特色，增强文化自信，促进文化的多样性和社会的和谐发展。同时，地名也是连接过去与未来的桥梁，让我们在快速变化的世界中找到归属感，感受到文化的连续性和稳定性，从而更加珍惜和爱护我们共同的家园。

第四节　店铺名与文化

店铺名称是指用于标明店铺性质、招揽生意的符号或标记，在一定程度上代表着店铺的形象。好的店铺名称不仅能够树立良好的品牌形象，招揽丰厚的客源，还能形成一种独特的企业文化。它作为一种语言符号，已经成为一类不可忽视的语言类别，在无明确规定的语言要求下充满活力，融入我们的生活，成为我们生活中不可或缺的一部分。

店铺名，作为商业实体的第一标识符，不仅是文字的组合，还是文化、品牌理念、市场定位及消费者心理期待的集中体现。店铺名与文化之间的关系，是一种深层次、多维度的互动与融合，既反映了社会文化环境对商业行为的影响，还体现了商家对文化价值的挖掘与利用。

每个店铺名的诞生，往往蕴含着特定的文化意义或故事背景。在中国，许多店铺名喜欢引用古诗词、成语典故，或是蕴含吉祥寓意的字词，如"同仁堂""全聚德"等，这些名字不仅好记，而且富含深厚的文化底蕴，能够迅速建立起与消费者的文化共鸣。这种命名方式，实际上是对中华优秀传统文化的一种传承与弘扬，让顾客在购物的同时还能感受到文化的熏陶。本节以吉林省长春市朝阳区店铺名称、通化市商业街店铺名称为研究对象，通过店铺名称的语言特点探究其反映出的文化价值。

一、店铺名称的性质

（一）店铺名称的地方性

许多店铺在命名时，会直接采用所在地区的名称，如"北京烤鸭""杭州丝绸"等。这种命名方式不仅突出了店铺的地理位置，还借助了地区的知名度和美誉度，使顾客对店铺产生信任和好感。

店铺名称中也经常融入具有地方特色的词汇，如方言、俗语、地名等，以展现店铺的独特性和地域文化。例如，"川味坊"中的"川"字，就明确指出了店铺主营四川风味的菜肴，让顾客一目了然。长春市作为东北老工业基地的中心，引领吉林省经济发展。吉林省乃至全国各地的人在为长春的经济发展做出重要贡献的同时，各种具有地方特色的风味饭店在街头巷尾繁荣起来。

吉林省内各地的小吃汇聚在长春的街道，如"伊通鸽子城""通化地摊烤肉""德惠烧烤"等。来自全国各地的美食也驻足于此，如"沙县小吃""京味烧烤海鲜""重庆火锅店""陕北凉粉""四川冒菜"等。店铺名称直截了当地表明了店铺风味，成了异乡人在他乡的指路标。重要的地域标识如"伊通""通化""沙县""京味""重庆""陕北"，在源源不断地吸引着同乡人的同时，也向长春本地人展示着他乡的饮食文化。

（二）店铺名称的群体性

随着经济社会的发展，社会群体越来越细分，针对群体性的消费越来越多。根据年龄、职业、喜好的不同，会有许多不同的针对性消费。长春市朝阳区有多所高校，如吉林大学、长春理工大学等。作为大学的聚集地，大学生成为消费的主力军，消费范围广泛。店铺为了抓住大学生这批消费大军，常常会起一些吸引大学生目光的店铺名称。例如，简明扼要点明消费群体的"大学生厨房"，充满新奇诱惑力的"错觉艺术馆"，别具风情的"百草园"，等等。

商家利用消费群体兴趣爱好的不同，用店名吸引不同类型的顾客。例如，"真人CS俱乐部"招揽了很多CS爱好者；"手办专营"是一家专营二次元模型的店铺，店铺名称简洁明了；"凡度琴行""吉宇琴行""爱琴海"等各种琴行，吸引了很多喜欢音乐的人们。这种店铺名称，可大致分为"地域+店铺性质""修辞+店铺性质""店铺性质"这三种类型。把"店铺性质"作为突出重点，醒目而又有针对性。

二、长春市店铺名称的语言特点

（一）外文类型

1. 日文及韩文类型

长春曾是日本侵华时炮制的伪满洲国"首都"，坐落于此的伪满皇宫是日本侵略中国东北的伪政权所在地，遗留了许多日本文化。从街道的建设、伪满皇宫遗址再到饮食，多多少少都可以找到日式文化的影子。长春的日式料理店很多，有一些是日文与汉文互译的店铺名称，有一些更是直接利用日文。日式料理店的店铺名称更是满满的日式风情。例如，"名古屋日式料理""樱田日本料理""千亿拉面"等。

长春市是朝鲜族人口聚居的地方。随着近年来韩国影视作品的输入，韩式文化也融入了长春的大街小巷，出现了韩文和中文互译的店铺名称，如"釜山美食城""超市""济州岛会馆"等。

这类店铺名称多是"日本地名+店铺性质""韩国地名+店铺性质"。利用"地名+店铺性质"，差不多等同于店铺名称的"地方性"。

2. 英文类型

经济全球化使英语的重要性日益突出，英语成为人类生活中使用最广泛的语言之一。许多国家都将英语纳入基础教育之中，作为公民素质教育的重要组成部分。因此，浅显易懂的英文牌匾占据商场服装店的大门。例如，"LV""Zara""Dior""Gucci"等。这些店铺名称凸显个性，吸引目光，单词简明，大多数人都可以看懂。

有些店铺名称是中英文结合的形式。例如，"Europe Style 欧洲行""城市 Pizza""For U 造型潮品店"。同样的道理，使用简单的英文增加店铺名称的亮点，加深消费者的印象。

（二）中文类型

1. 谐音类

谐音类型的店铺名称已经随处可见。这些店铺名称朗朗上口，使人过目不忘，带有幽默的色彩，又说明了店铺的主要经营。因为"一"和"衣"谐音，所以带"一"字的成语，成为服装店名字的宠儿。例如，"百里挑衣（一）""缺衣（一）不可"等。除了"一"字外，还有谐音的"意"字也成为服装类店铺名称的热门。例如，"情投衣（意）合""衣（意）想不到"等。

除了成语被应用广泛外，还有各类词语也被谐音借用。例如，"满疆红饭馆""本适服装店"等，不仅使店铺名称充满内涵，还别具新意。

2. 典故/主题类

店铺名称中常常蕴含一些大家耳熟能详的典故。例如，"一乐拉面"借用了动漫《火影忍者》里漩涡鸣人喜欢吃的拉面店的名字，也是一家火影主题餐馆。"流星花园"的花店名称借用了之前特别火的偶像剧的名字《流星花园》。"石头记"珠宝店铺借用《红楼梦》一书的别名。还有"西施豆腐""三味书屋"等，围绕着典故或者主题形成特定氛围，丰富了店铺内涵。

3. 幽默诙谐类

快节奏的生活日益加重了人们的生活压力，幽默风趣的店铺名称近几年来备受推崇。例如，"黑店"饰品店、"江湖客栈"酒店、"宫廷御膳包"饭店等，增加了店铺名称的趣味，成为街道的一个亮点。这些有趣的店铺名称让人莞尔一笑的同时，加深了人们对店铺的印象。

4. 生僻字词类

这类店铺名并不常见，如店名选用"鱻"（xiān）、"犇"（bēn）、"羴"（shān）、"馫"（xīn）等。长春市朝阳区有一家饭店名称叫作"犇羴鱻"，由于是生僻字，来往的人都在猜这三个字怎么读，无形中为饭店打了很好的广告。"馫菜馆"字形有趣，读音特别。三个"香"字叠在一起，便是"馫"。"馫"菜到底有多香，也只有走进饭馆才知道。

5. 数字符号类

个别的店铺为了时尚新颖，在店铺名称加入数字和符号。人们利用联想，把一些数字组合起来形成特定的意义，如"521 花店""99 小吃""速 8 酒店"等。"521"代表的是"我爱你"，"99"代表的是"九九"，寓意店铺可以长长久久。

"百""千""万"的应用更加广泛。例如，"百乐福超市""千兆网吧""万事通酒店"等。"百乐""千兆""万事"都有吉祥美好的寓意，且简单易懂，更容易吸引顾客。

由日期组成的店铺名称，如"七月七简约客栈""三月三酒吧"。店名选取的日期都具有特殊意义，"七月七"是传统的情人节，"三月三"是壮族的情人节、汉族的"上巳节"。还有一部分符号和文字组成的店名，如"龍.com"，更是别具特色。

三、通化市商业街店铺名的语言特征

（一）特点

1. 音节特征

店铺名能否给顾客留下深刻印象，这和店铺名的音节数量有关系，本书统计了429个店铺名的音节数量，具体如表5-4所示。

表5-4 通化市商业街店铺名的音节数量统计

店铺名音节数量	店铺名称（个）	占比（%）	例子
单音节	0	0	—
双音节	32	7.5	喝啥、米村
三音节	83	19.3	地铁站、小博士
四音节	138	32.2	蜜雪冰城、鲜果时间
五音节	76	17.7	重庆鸡公煲、超越火锅鸡
六音节	57	13.3	武大郎麻辣烫、火三里火锅鸡
七音节	16	3.7	刘大光记火锅鸡、王叔叔的汉堡店
八音节	18	4.2	裴家双龙道口烧鸡、哦我的面啊好好吃
八音节以上	9	2.1	吴家川香麻辣臭豆腐
总计	429	100	—

资料来源：笔者整理。

从表5-4中可以看出，通化市商业街店铺名的音节数量中3~6音节占比较多，其中四音节占比最多，占总数的32.2%。四音节词符合现代汉语口语中的韵律美和音乐美，使店铺名极具韵味。单音节词的店铺名没有，八音节

以上的也较少。

2. 用字情况

本书搜集到的 429 块商铺牌匾共使用汉字 763 个，这 763 个汉字中有 732 个是常用字，如"馆、衣、食、住、行、学、楼、业、室、所"等，没有生僻字。商业街大多是美食、小吃、服装、家电、学习文具和办公楼，用字大多具有同质化，"衣、馆、学、食"等字出现的次数较多。繁体字在店铺名的使用上并不多见，只有 31 个（见表 5-5）。

表 5-5　通化市商业街店铺名的繁简字使用情况

字体类型	数量（个）	占比（%）	例证
繁体字	31	4.1	继昌茶莊、門頭设计
简体字	732	95.9	美特斯邦威、热风
总计	763	100	—

资料来源：笔者整理。

从表 5-5 可以看出，繁体字在通化市商业街使用率较低，仅占全部的 4.1%。商家表示在店铺名中使用繁体字是为了营造雍容典雅的氛围，彰显商铺的个性，吸引消费者眼球，从而实现商家利益最大化。少部分顾客对于店铺名使用繁体字的情况表示认同，大部分顾客却不赞同，他们认为应该坚持贯彻国家推行运用简体字的政策。另外，使用繁体字会给部分人群带来阅读困难的问题。总之，受教育程度越高的人群，赞成在店铺名上使用繁体字的占比越高。

3. 语符搭配

语符搭配就是语言文字符号的搭配，语符包括各国的语言文字、汉语拼音、英文字母、符号等形式，店铺名的语符及其组成方式能够体现出当地的语言现象。通化市商业街的语符十分丰富，包括常用的汉字、英文、汉语拼音、英文字母、少量的韩文和日文。在搜集的 429 个店铺名中，纯汉字的有 187 个，汉英搭配的有 115 个，具体情况如表 5-6 所示。

通化市商业街店铺名的语符使用情况为我们展现了丰富多彩的语言现象和极具多样化的社会文化信息。店铺名的语符搭配比较繁杂、丰富且多样，但是缺乏创新性。从表 5-6 中可以看出，以纯汉字语符搭配为主，占到总体的 43.6%。虽然也使用韩文、日文语符，但是绝大部分都属于美妆、珠宝、服装及食品行业，这些语符只是起到标注的作用，没有起到解释名称的作用。

表 5-6　通化市商业街店铺名的语符搭配模式

语符搭配模式	数量（个）	占比（%）	例子
英文+汉字	115	26.8	LE CAPE SYMPA 心派咖啡
拼音+汉字	52	12.1	QiQi 猫咖
汉字+韩文	21	4.9	釜山자장면
汉字+日文	23	5.4	奶茶の爱、小兔の胡萝卜
数字+汉字	7	1.6	858 麻辣拌
汉字	187	43.6	刘阿姨手打面
英文	5	1.2	Simple、Freedom
拼音	2	0.5	CHUN ZHEN
数字+符号	1	0.2	361°
英文+汉字+拼音	16	3.7	Miss 遇见 YuJian
总计	429	100	—

资料来源：笔者整理。

（二）通化市店铺名的社会表现

1. 社会文化体现

（1）体现中华传统文化。语言和文化的关系紧密相连，文化可以通过语言体现出来，正如文化可通过店铺名呈现出来。店铺名不仅具有指示作用，而且具有展现文化的作用。在商业领域中的店铺名向人们传达出文化、商品、商业、人物等信息，是商家向顾客传达商业信息的一种独特表现形式，承载着商家浓厚的商业思想，映射出对传统文化的传承。

例如，"砂锅居"最早的名字为"和顺居"，在这里取和和顺顺之义，利用人们的趋吉心理吸引顾客。最开始商家用一口大砂锅煮肉，味道极美，顾客盈门，越来越多的人都知道这里有一口大砂锅，人们就把这口大砂锅叫作"砂锅居"，后来商家就把牌匾改为大家口口相传的"砂锅居"。通化也有许多老店的身影，如同仁堂大药店。"同仁堂"最早的一块牌匾是由清朝状元孙岳题写的，经过历史的变革和传承，现在的牌匾则是由书法家启功先生题写的，承载着商家浓厚的商业思想。

（2）体现现代文化。在时代大潮流的冲击下，语言文化有了其发展的空间，通化市商业街店铺名在传承传统文化的同时，又形成了新的文化精神。在体现现代商业文化的同时，又体现出通化市经济的发展，反映了新时代的新风向。

在现代文化冲击下，店铺名标新立异，让人一眼就能记住，在加强其趣味性的同时又使顾客印象深刻。例如，"众所粥知"店铺名，采用"众所周知"的谐音，既凸显个性化又体现通俗亲切，拉近了商家与顾客之间的距离。

中华文化博大精深，通化市商业街店铺名不仅传承中华优秀传统文化，而且现代文化的审美也在其中有所体现。

2. 社会心理体现

（1）追求美好愿望的心理。各式各样的店铺名体现出人们特定的心理状态，追求致富的心理在通化市商业街店铺名中就有充分的体现。例如，"欣旺商店"中"欣旺"有欣欣向荣、兴旺发达之义。又如，"金榜蹄名""状元阁烧烤"等店铺名寄予着商家对顾客的美好期许。

（2）追求创新独特的心理。随着日新月异的发展，人们的思想不再拘泥于过去，而是追求创新、追求时尚，体现个性化发展。伴随着新事物的不断发展，商家顺应时代潮流，设计了一些新颖、有创意的店铺名。例如，"喝啥?""面对现食""卤班七号""主烤官""联邦调茶局"等。

社会语言学理论与应用发展研究

（3）追求美观雅致的心理。人们对于美的追求从未停止，在现代社会中，人们对美有了更高的需求。店铺名中追求美观和雅致的心理比比皆是，如"萌宠之家"中"家"是每个人最后的心灵归属，体现出商家对宠物的重视，传达出一种温暖的感觉，值得顾客托付；"鱼悦"两字使用"愉悦"的谐音，赋予店铺名美好的寓意。

（三）店铺名称的文化价值

春秋战国时期，商人开始分为行商和坐贾。商人将商品放大或缩小挂在店铺门口或摊点上，后来为了方便，用文字写在织物上代替实物，这就是最早的店铺名，称为"幌子"。隋唐时期，政府为了规范市场贸易，要求商家"悬牌经营"。这里的牌，是指标有物品名称及经营者姓名的牌匾，即后来所说的招牌。到了宋代，商业持续繁荣，此时的招牌形式分为两种：一种是横放在门面上方或店堂正上方的牌匾；另一种是立在固定物体上或耸立在店铺外的各类招牌。元、明、清三代，商业竞争不断加剧，这时便有商家请人书写店铺名，有的更注重图文并茂，店铺名称的种类开始增多。鸦片战争到中华人民共和国成立前，"洋"风在一些大城市和沿海城市席卷开来，店名开始盲目崇洋。中华人民共和国成立初期到"文革"前的店名显得比较庄重、严肃。改革开放初期的店名也具有改革性，运用各种符号，体现了店铺命名的新特点，呈现出一种过渡性的特点。20世纪90年代以来的店名，无商业标记符的店名大大增加，直接以品牌命名的商店也大量出现。

从店铺名产生、发展的轨迹来看，店铺名是时代的镜子，反映出强烈的时代特征，蕴含丰富的社会内容。随着科技的发展、时代的进步，店铺名越来越异彩纷呈，商家可以"随心所欲"地起"五花八门"的名字。独具特色的店铺"语言"交织着新文化，形成一道风景线。

美国语言学家萨丕尔认为，语言的背后是有东西的。而且语言不能离开文化而存在，所谓文化就是社会遗传下来的习惯和信仰的综合，它可以决定

— 174 —

我们的生活组织。语言是文化的一部分，也是文化的载体。中华民族是一个具有古老文明的民族，儒家文化是中华民族伦理道德的规范，以"仁、义、礼、智、信"为主要内容的儒家道德文化，成为商家命名的依据之一。因此，诚信为本、宽厚仁爱、尊人谦己、义利结合等思想融入店铺名当中。这样的店铺名可以提高店铺的档次，可以吸引有品位的顾客，借用传统文化的典雅特征在众多店铺中脱颖而出。在专名中，很多店铺名带有"龙""红""德"等字眼；在通名中，很多店铺名爱用"轩""居""庄""府"等字眼，如"竹林一品轩""李员外烤鸭庄"等。除了在个别词汇上搜奇选妙，在店铺名字体的选用上，店家也别具匠心。有的店铺名采用了中国古代的隶书、行书、草书等具有中华特色的样式，这样既弘扬了民族文化，又体现出对中华优秀传统文化的继承，使商家在时尚之风以外营造出古朴典雅之情。

四、店铺名的文化影响

店铺名称是文化的综合载体，随着社会的发展，店名越来越儒雅，越来越有品位，但其中不乏有低俗、粗鄙的声音。陈建民先生把它们概括为六种：①烦人的洋名；②盲目港化；③贵族化；④粗俗不堪；⑤店小牌大；⑥亵渎历史。也有人把它们概括为"崇洋媚外型、攀龙附凤型、吹牛摆阔型、煽情挑逗型、借光名人型、粗鄙直露型"等。可见，店铺名不仅是品牌识别的标志，还是文化传承、社会心理、审美观念及商业策略的综合体现。

把握消费者心理，正确地起一个店铺名称具有重要意义。从消费者的角度，店家应该遵循以下几点：①店铺名称应明确经营范围并使消费者产生购买欲望。②店名必须新颖不落俗套，这样才能迅速抓住消费者的眼球，引起他们的兴趣。③店名应简洁，易读易记。店名不能取得太复杂，否则会起反作用。④店名应给人美感。充满艺术气息和文化底蕴的店名往往会给人带来高雅舒适之感。抓住消费者心理，店铺名称的成功便是经营成功的第一步。

在重视文化软实力的今日，店铺名称已经成为企业文化的集中体现。好的店铺名称代表着企业优秀的文化、光辉的形象，还是参与市场竞争最有利的优势。对企业来说，好的店铺名称是事业通往成功的通行证，是利润的直接化身。一个富有创意和文化内涵的店铺名，往往能够激发消费者的文化共鸣，抓住他们的好奇心，促使其消费。当消费者看到与自己文化背景或审美观念相契合的店铺名时，会产生一种亲切感和归属感，从而增加对品牌的认同感和忠诚度。这种文化共鸣的激发，不仅促进了品牌与消费者之间的情感连接，还为文化创新提供了源源不断的动力。

在店铺名文化创新的过程中，商家面临着诸多挑战。首先，如何平衡传统文化与现代审美之间的关系，既保留传统文化的精髓，又符合现代消费者的审美需求，是一个需要不断探索和实践的问题。其次，如何在全球化背景下，处理好本土文化与外来文化之间的融合与冲突，也是商家需要面对的重要挑战。

店铺名文化创新也为商家带来了诸多机遇。随着消费者对文化需求的日益增长，具有独特文化内涵和创新精神的店铺名更容易吸引他们的注意力。此外，随着互联网和社交媒体的普及，店铺名作为品牌传播的重要载体，其文化创新也为品牌在网络空间中的传播和推广提供了更多的可能性和机会。在挑战与机遇并存的当下，商家应不断挖掘传统文化的新内涵、融合多元文化元素，创造出更具创意和文化价值的店铺名。

第五节　方言与文化

方言与文化，两者之间的关系犹如枝与叶，紧密相连且不可分割。方言，作为某一地域内人们长期形成的、具有鲜明地方特色的语言形式，它不仅是人们日常交流的工具，还是一种文化身份的象征，是地域文化的独特标识。每一种方言都蕴含着该地域独特的历史、地理、民俗、风情等信息，是地域文化不可或缺的组成部分。方言的形成，往往与该地域的历史背景、地理环境、社会变迁等因素密切相关。在漫长的历史长河中，不同的地域逐渐形成了各自独特的语言体系，这些语言体系在不断的演变和发展中，逐渐形成了今天我们听到的方言。因此，方言不仅是一种语言现象，还是一种历史文化的积淀和传承。

方言也是地域文化认同的重要标志。对于生活在这片土地上的人们来说，方言是他们与家乡文化保持联系的重要纽带。听到熟悉的方言，便能勾起他们对家乡的思念和记忆，从而增强对地域文化的认同感和归属感。因此，方言不仅是语言的变体，还是文化的象征和传承的载体。本节通过方言中的词汇来探讨方言与文化的关系，以潮汕方言中有代表性的多义词为例，并发掘这些具有地域特色的多义词背后所蕴含的潮汕文化。

潮汕方言属于闽南方言分支下的一个次方言，主要在潮汕地区使用。潮汕地区位于广东省的东部地区，包括众多市、县，如潮州市、汕头市、揭阳市、惠来县、潮安县、南澳县、澄海县及饶平县等，主体由汕头市、潮州市、揭阳市构成。潮汕地区自古便是一个地级行政区，隶属潮州府，所以潮汕地区的文化也十分相似，语言相通。潮汕方言不单发音和普通话相差很大，有些字词的意义及用法和普通话也有很大的区别。潮汕方言中有些字词的含义比普通话中的词义多或者少，用法也不相同。

潮汕文化最突出之处在于潮汕地区人民的团结和文化认同感。当在外的本地人被问起是哪里人时，他们总会先说自己是潮汕人，如果是老乡或具体详细地问才会自报所在的城市。潮汕人对自己的文化认同感很高，潮语、潮菜、当地的功夫茶文化，无论在何时何地谈起都能让老乡们如同亲人一般。

社会语言学理论与应用发展研究

此外，潮汕人精明能干，吃苦耐劳，敢于闯荡，特别善于经商，所以潮汕商人遍布世界，也将潮汕方言和文化带向世界各地。

一、从"张"字看潮汕传统

（一）"张"的含义

1. "张"的基本含义

（1）使合拢的东西分开或使紧缩的东西放开。这是"张"用作动词时最常见的意思，我们平时说的"张开""张弓射箭""一张一弛"中"张"都是这个意思。在潮汕方言当中"张"不仅有张开的含义，还有闭合的含义。例如，在潮汕方言当中常说的"天光目张开"是"天亮睁开眼睛"的意思。除了形容眼睛的开合状态，还可以用来形容嘴巴开闭的状态，如"你把嘴张阔阔吃"是"你把嘴巴张大了，快些吃"的意思。潮汕方言当中的"张"不仅有使合拢的东西分开或使紧缩的东西放开的意思，还有使分开的东西合拢或使开放的东西紧缩的意思。

（2）表陈设，铺排。这个含义也是用作动词，如"张灯结彩""大张筵席"。《古汉语常用字字典》中也有相似的解释："陈，设。"《战国策·秦策一》中也有此用法："张乐设饮，郊迎三十里。"《三国演义》中的用法："当日杀牛宰马，大张筵席。"《普通话闽南方言常用词典》中对"张"的解释有："陈设，备办：张嫁（置办婚嫁之事）｜张老（为老人后事做准备）｜张门面（装饰门面）。"因此，潮汕方言中对"张"这一词义的保留更多。

（3）夸大。"张"用作形容词时，常组词"夸张""虚张声势"，通过组词还可以引申出"张扬"的词义。该词语和普通话的用法相同。

2. "张"的引申含义

《普通话闽南方言常用词典》中对"张"的解释还有："设网以捕取鸟兽

（常俗写为'当'）：张鸟仔（鸟仔：鸟儿）。"同一词义还可以用作名词："诱捕动物的器具：鸟仔张（捕鸟器）｜鸟鼠张（捕鼠器）。"所以潮汕方言中的"张"还有"捕捉"和"捕猎仪器"的含义。该含义也是沿用了古义。《古汉语常用字字典》中的解释："设机关罗网以捕取鸟兽。"《后汉书·王乔传》中提道："于是候凫至，举罗张之。但得一只舄焉。"这一句中的"张"就指罗网等设备。《水浒传》中也出现了："原来镖兔李吉，正在那山坡下张兔儿。"其中的"张兔儿"就是设置机关捉兔子的意思。现代潮汕方言中沿用了"张"的这一古义。潮汕话中常说"张蚊"就是捉蚊子的意思。"你在张猫鼠呀"（你在捉老鼠呀）中，"张"同样为"捕捉"的意思。潮汕方言还常用"猎"，也是单独作动词使用，如"猎蚊""猎猫鼠"。但"张"相对于"猎"更强调设陷阱去捕捉，等待目标上套，"猎"则更强调主动去寻找和捕捉猎物的这个过程。

由诱捕鸟兽的含义，"张"又可以引申出"欺骗"的含义。潮汕话中常说的"张食人"就是欺骗人的意思。潮汕话中"食"是"吃"的意思（下文有详细解释），那么"张食人"就是指设计以陷害他人或占人便宜。

从"欺骗"的含义，"张"又可以引申出"假装，不真实，虚假"的含义。《普通话闽南方言常用词典》中给出一些例子，如"使性子作态：'张唔食'（唔食：不吃饭）｜张张掇掇（使性子的作态）｜张身势（摆架子）｜张枪（装腔）"。《史记》中提道："张仪曰：'不如出兵以到之。'索隐曰：'到，欺也。犹俗云张到。'谓张网得禽兽也。"其中的两个"张"正好是"假装"和"设陷阱"的意思。潮汕方言中的"张神张鬼"就是"装神弄鬼"的意思，"张样张像"就是"装模作样"的意思，"张到只生样"的意思是"装成这个样子"。可见潮汕方言相对于普通话而言对古义的保留更丰富。

（二）"张"字反映出的潮汕传统

1. 从"张"看潮汕传统礼仪

潮汕话中"张"的含义对古义的保留有不少，这些古义有的在普通话中的常用成语中还能看到，但有的已不再使用，当"张"表"陈设，铺排"这一含义时，普通话中只在成语中使用，如"张灯结彩""大张筵席"。但在潮汕话中潮汕人会直接把"张"当动词来使用，主要用于置办较正规的筵席或者活动的时候，如直接说"张嫁""张老""张台（摆台宴请）"等。实际上在口语中，年轻人也会直接用"举办""安排""办理"这些普通话中常用的词，但在非常正规的场合中，或者在请帖上，潮汕人一般都会使用"张"来表达这一含义，以表潮汕人对这些活动的重视程度。实际上传统的潮汕人非常注重传统文化和仪式感，喜欢在各种特殊的日子设宴摆酒，祭拜先祖神明。每逢传统节日或是当地的祭拜节日，还有亲人们的特殊纪念日，潮汕人都会举办专门的仪式。潮汕人的传统文化和生活习惯决定了潮汕话的使用，所以"张"表示"陈设，铺排"的含义才得以保留至今。

2. 从"张"看潮商

"张"在潮汕话中保留下来的另一个最常使用的含义就是"假装，欺骗"。这一含义原本也是从"陈设，铺排"这一含义引申出来的，从表示"设置狩猎陷阱"这一用法引申出"捕猎"的含义，但在现代社会中捕猎活动已不常见，所以这一含义使用得比较少。根据设置陷阱捕猎带有伪装和欺骗的含义，"张"又再次引申出"假装，欺骗"的含义。

潮汕商贾遍天下，潮商的精明广为人知。当地人聊到那些太会算计的生意人时都会说"伊是张食人啊"，意思是"他这人是很会赚你钱的"。但这一含义也不是潮汕人发明的，"犹俗云张到"中的"张到"就是"假装到达"的意思。因此该含义的演变早已存在，潮汕话只是继续沿用。

潮汕人喜欢做生意，自己做老板，富有打拼精神，从《爱拼才会赢》这首广为人知的闽语歌就能看出。随着时代的发展，潮汕地区发展起来后，潮汕人的素质大大提高，"奸商"这一说法也被当代的潮商打破，现在人们提到一个生意人会做生意，往往是指这个人懂得顾客的需求，服务态度好，因此很少再使用"张食人"这一说法。但"张"用作"假装"的含义已经深入潮汕当地的用语习惯，所以具有该含义的词语如"张样张像"和"张神张鬼"也就一直保留下来。

二、从"食"字看潮汕饮食文化

（一）食的含义

1. "食"的基本含义

《新潮汕字典》中对"食"的解释共有十个义项，大多数用作动词，含义比普通话要多。用作名词时的词义和普通话基本相同："吃的东西：素食｜零食｜面食｜丰衣足食。"在潮汕方言当中"食"作名词指食物，是指"人吃的东西"和"一般动物吃的东西或饲料"的意思，这个义项和普通话相同，用法也相同。

2. "食"的引申含义

潮汕话中，"食"还常用作动词。

（1）表"吃、喝、吸"，如"食饭｜食茶｜食菜｜食水｜食烟（抽烟）"。可以看出"食"用作动词，且意义广泛。《国策·齐国策四》也提及："食无鱼。"可见自古就有将"食"用作动词表示"吃"的含义的用法。普通话中的"食"用作动词时，只用来表达"吃"，而且常组词使用，如"食用"，较少单独使用。单独使用一般用"吃"来代替。但在潮汕方言中就保留了"食"的原本用法，而且潮汕方言中没有"吃"一字的发音，如"你食饭了吗？"（你吃饭了吗？）。除此之外，潮汕方言中的"食"作"吃、喝、吸"等义的用法在《新潮汕字典》中也有详细的解释："潮州话中，用作动词的'食'的意义和用法相当复杂，大致相当于普通话的'吃'但比'吃'的应用范围更广。"

潮汕方言中的"食"作动词时，除了表示"吃"，还可以表示吸烟的意思。"你会食烟吗?"就是"你会吸烟吗?"的意思。潮汕方言中的"食"还有"服用"的意思,主要以可以口服的药物作宾语,如"服药"或"吃药"都是用"食药"或"食……药"来表达。

除此之外,"食"还有"喝"和"饮"的含义。潮汕方言口语中,没有"喝"的发音。任何可饮用的液态食物或饮品都用"食"来表示。例如,"饮酒"即"食酒";"喝粥"即"食粥";"喝水"即"食水";"喝汤"即"食汤";"喝茶"即"食茶"。在潮汕方言当中,几乎所有通过口服的东西,都使用"食"来作动词。因此,潮汕方言中的"食"作动词时的含义比普通话的词义要广得多。

(2)表"活,长"。"食到老学到老"这句话就是"活到老学到老"的意思,因为人一辈子都要吃饭才能活下去,所以能"吃到老"说明也"活到老"。潮汕话当中还常常简称使用"食老"来表达"到老的时候",如"食老无人睬"意思就是"到老的时候没有人管"。

(3)表"保养"。"食到人样好死"这句话的意思是指"某人保养得容光焕发"("人样"是指整个人的样子)。"食"的原义是"吃",早期保养并没有什么美容技术,要想把身体保养好无非是吃好的东西补身体,所以"食"才能演变出"保养"的含义。

(4)表"治,医"。"者药食感冒个"意思是"这个药是治感冒的"。生病需要吃药才能康复,因此吃药是有治病的功效的,"食"的这一含义的用法是特指需要吃药的疾病,出现时常伴有"药"字的出现,所以不适用于所有表达治病的词组或句子。

(5)表"侵吞"。"钱乞伊食去"意思是"钱被他私吞了"。《古汉语常用字字典》中对"食"有一个相同的解释:"吞没。"因此该词义沿用了古义。

(6)表"出现,形成"。"食痘丨食着飞丝"意思是"长痘痘或长水痘丨形成丝线"，多用在制作一种带有翻糖或者拔丝的潮汕小吃。

（7）表"髹，油漆"。"食桐油"意思是"刷桐木的油漆"。因为刷油漆时桶内的油漆会消耗掉，就像上漆的东西吃掉了油漆，所以在口语中才会有"食油"的说法。

（8）表"接合，合拍"。"唔相食丨食弦"意思是"合拍丨合弦"。《古汉语常用字字典》中"食"有"接受"的含义，如《汉书·谷永传》："不食肤受之诉。""食"有"接受"的含义，再加上款待别人吃东西必然要挑他人喜欢的，也可以说要投其所好。一起吃东西的过程也能让人更加亲近，让人更加合拍，所以"食"才会有"接合，合拍"的含义。

（9）表"从一方向另一方挪移"。"食入丨食过丨食磨"分别是"移动进入丨移动经过丨移动靠近"的意思，该词义由"接合，合拍"的含义引申而来，是"贴近，靠近"的意思。

（二）"食"字反映出的潮汕饮食文化

由"食"的含义可以看出潮汕人对"吃"情有独钟。广东人是出了名的爱吃，而潮汕人在广东更是出了名的爱吃。在潮汕地区的任意一家餐馆吃饭，无论是大酒楼，还是路边大排档，甚至是街边的地摊小吃，都能体会到潮汕人对美食的"虔诚"。潮汕小吃非常出名，除了"小吃"这一种说法，潮汕人平常还把"小吃"称作"食物"，因为潮汕话中的"食"有"吃"和"喝"的意思，所以翻译成普通话准确来说应该是"吃物"或"饮物"，是指除了正餐以外的所有食物，包括饮料和水果。在普通话口语中，问他人有没有零食时会说："你有没有什么零食可以吃的?"潮汕话中则会说："你有无什么食物?"只有特地问当地的小吃有哪些，潮汕人才会回答："这的小食有……"说明潮汕方言中的"小吃"比普通话中的含义更少，而潮汕方言中的"食物"含义比普通话更多，既可以指广义的食品，又可以单指小吃零嘴。但这样的用法并不会让潮汕人混淆小吃和广义的食物的意思，因为在口语中，潮汕话要强调广义的食物这一含义时，会直接用"食品"表达，如普通话口语会说："这些都是吃的（或食物）"，潮汕口语则会说："这些都是食品"。

潮汕话中的"食"含义特别多，同样潮汕人最爱"食"的"粿（guǒ）"也有多种含义。"粿"在潮汕方言中是类似于饺子和馅饼一类的解馋小吃的总称，因加入各种各样的食材，做成不同的形状和颜色，便衍生出各种种类，如甜粿、菜头粿、草仔粿、芋粿、白粿等。"粿"原本主要指用各种米类磨成粉后制作成的食物，后来也包括潮汕当地的特色糕点、点心。实际上，由于使用广泛，潮汕地区几乎大多数小吃和食物都可以称为"粿"。从大类上来看，潮汕方言中的"粿"主要包含以下含义：①指没有馅的米粉类的糕点和饼类。②指如饺子一样带皮和馅的各种点心，具体根据皮或馅的材料命名，如"粉粿""菜粿"。③指一些和面粉完全没有关系的小吃，如腐皮外包，内料纯肉馅的"粿肉"等。④指类似河粉的一种米粉做的汤粉，称作"粿条"。所以在潮汕地区无论是小吃、糕点还是汤粉都会发现招牌上写着"粿"，这样的用法是潮汕话特有的，当地人根据语境和"粿类"的细分名称来分辨具体指哪种小吃。

三、从"厚"字看潮汕的"功夫茶"

（一）厚的含义

1. "厚"的基本含义

扁平物上、下两面的距离："长宽厚｜五厘米厚的木板｜下了三厘米厚的雪。"这里作名词，因此作"厚度"时，潮汕方言和普通话的用法一致。

扁平物上、下两面的距离较大的，跟"薄"相对："厚纸｜厚棉袄。"这里作形容词使用。潮汕方言当中常常将"厚"放在要形容的东西后面，如"这片木板会厚"意思是"这是片厚木板"；"你有无棉衣会厚的?"意思是

"你有没有厚棉衣?"。

深，重，浓，大："厚望｜厚礼｜厚情｜厚味｜深厚的友谊。"这里也作形容词，形容利润或礼物价值大，感情和交情很深，或味道浓郁。但"厚礼""厚情"在潮汕方言口语当中使用较少，多在书面语中使用，和普通话不同。口语中，潮汕方言会直接用"大礼""感情深"来表达。"厚味"特指闻起来味道浓郁。

不刻薄，待人好："厚道｜忠厚。"该词义的用法和普通话中相似，常组词使用，不单独使用。例如，"者人是会厚道个"意思是"这人看起来是个厚道人"。

重视，注重："厚今薄古｜厚此薄彼。"该词义的用法和普通话相同。

2. "厚"的引申含义

（1）指"多（多指不好的事物）"。如"蠓厚（蚊子多）｜贼厚（盗贼多）"。《普通话闽南方言常用词典》中对应该含义的解释："多；繁：厚雨水（雨水多）｜厚世事（世俗事务繁杂）｜厚工（多费工夫）｜厚代志（事故，事情多，特指多病）｜厚话（话多）。"所以潮汕方言中形容不好的事情或事物多都用"厚"不用"多"。

（2）"酽、浓"。如"厚茶（浓茶）｜酒厚（酒酽）"，该词义作形容词，与表示"味道浓"的意思不一样。在潮汕方言当中形容酒香浓郁不常用"厚"，更多的时候直接用"浓"。古义"厚"也有表"浓厚，醇厚"的含义，如枚乘的《七发》载："饮食则温淳甘脆，腥醲肥厚。"这里指浓度高。古义更贴近潮汕方言中"厚"常用的含义，不仅可以形容闻起来味道重，还可以形容液体浓度高。

（二）"厚"字反映出的潮汕"功夫茶"文化

1. 潮汕人视"茶"如"水"

潮汕方言中的"厚"指"浓度高"的含义时最常用在形容茶的浓淡当

中，如"这泡茶过厚啊"意思是"这泡茶泡得够浓的"，但不是太浓的意思。如果想表达泡得太浓则会说"这泡茶太厚"。"厚"的反义词是"薄"，所以如果要形容茶泡得太淡，会说"这泡茶太薄"。"薄"和"厚"的使用，在潮汕方言当中，一般只用于形容茶的浓淡，不常用在形容其他事物上，可以说是形容茶水的专词。其他饮料和液体的浓度只能用"浓""淡"来形容。同时，潮汕话中的"厚"和"够"发音相同，因此当潮汕人说"这味道厚啊"除了想表达茶的味道浓，还表示茶的味道足够满足他的口味。当然这一含义也仅限于形容茶饮，可见茶饮对潮汕人的重要程度。

潮汕地区属于亚热带季风气候，常年降水丰富，热量充足，地势多山地丘陵，正好适合茶叶的种植和生长，因此茶叶质量很高。同时，当地湿热的气候也使潮汕人爱上了这种去湿降火的饮品。潮汕地区的茶常称为"茶水"，茶叶被称为"茶米"，可见茶对于潮汕人而言，就如同水和米一般重要，将茶当作水来喝，把茶叶视作米一样重要。除了"茶米"和"茶水"，潮汕人还发明了"茶枝"一词，是指经过处理的茶叶中剩下的细小枝干，泡出来的茶具有独特的风味。特别喜欢喝茶的人还会分饭前茶、饭后茶。吃饭的过程当中，不做汤时就会泡茶来喝。这些送饭吃的茶饮还有一个专有名词——"配茶"。大多数潮汕人空闲的时候，都会喝茶，如果要打发时间就一定会泡功夫茶。

2. "滴茶"和"功夫茶"

潮汕人不但爱喝茶，喝茶的方式也很讲究，当地最出名的饮茶文化就是"功夫茶"。"功夫茶"不是一种茶，而是一种饮茶的形式，顾名思义这种饮茶形式是讲究"功夫"的。作家李国文曾经在《粤海饮茶》中指出，潮汕的功夫茶是最得人心的，如果说中国有哪个茶道能够与邻国相媲美的，能为中国争取到荣誉的就是潮汕功夫茶。潮汕人喝茶分为"大壶茶"和"功夫茶"两种，大壶茶可以随便用杯子盛，主要作为"配茶"，但喝功夫茶只能用小杯，而且一般不叫"喝茶"，在潮汕话中有专门的动词叫"滴茶"，当潮汕人说"你在滴茶呀"意思就是指"你在喝功夫茶呀"。"滴"一字取自喝功夫茶的过程。小壶冲泡和倒茶的过程中不可避免会有茶水漏出，就需要滴干净。而且泡功夫茶一般会用好茶冲泡，讲究温度口感，因此小杯能快速散热，闲聊间趁温热喝完，这样才能仔细品出好茶的口感和香气。一口饮尽的小茶杯，一般也会留些带有茶渣的茶底，喝完还需倒掉几小滴，所以"滴茶"中的"滴"这一动作被扩展为喝功夫茶的整个动作过程。空腹喝茶多了伤胃，所以潮汕地区也有许多精致的茶点，为了中和茶味的苦涩，这些茶点多是甜的，潮汕人便将茶点称作"茶糖"。

四、从"物"字看潮汕方言

（一）"物"的含义

1. "物"作名词

《现代汉语词典》中"物"有四个义项，都作名词。《新潮汕字典》中对"物"的第一个解释就是"东西，物价，万物，新事物"。潮汕方言中"物"的这一义项除了和普通话相同的用法外，还有几种特殊的用法。

（1）常组词"物件"使用，指"东西"，如"我想问下，你有无这个物件？"（我想问你一下，你有没有这个东西？）；"这个是什么物件？"（这个是什么东西？）。

（2）搭配量词使用"量词+物"，如"件物"，指"那件东西"或"这件东西"，多指衣服。"你新买件物，孬睇。"（你新买的那件衣服不好看。）；"伊身上件物是名牌来个。"（他身上那件衣服是名牌衣服。）｜"双物"：这双（大多表示鞋子），如"双物是伊从家里带来的。"（这双鞋子是他从家里带来的。）｜"本物"：这本（多指书刊）"本物好睇吗？"（这本书好看吗？）。"量词+物"的搭配还可以用来指人，"帮物"是指"这帮人"或"那帮人"，例如"这帮物勿是乜好人。"（这帮人不是什么好人）。从以上例子可以看出，当物指人的时候是带有贬义的。

（3）组词"乜物"，指"什么东西"，如"我想要知道他的袋子里面装的是乜物？"（我想知道他的袋子里面装的是什么东西？）。

（4）组词"生物"，意思是生恶疮。《新潮汕字典》中还有这样的解释："比较有分量，看起来分量比较足的。"在潮汕话口语中"怎勿看伊人无物就欺负伊"是"你们别看他没有什么分量，就欺负他"的意思；"这米有物，煮了饭加"是"这米粒大，做起饭来分量足"的意思。

2. "物"作动词

普通话中"物"用作动词的用法比较少，几乎不单独使用，常以组词的形式出现，如"物化、物色"。但潮汕方言当中的"物"常常用作动词。《新潮汕字典》中对"物"作动词时的解释是"搞、弄、做"，如"物乜个（搞什么）｜咋呢物（怎么办）｜物未好（没弄好）｜物掉去（弄坏了）｜孬物（不好搞）"。"搞、弄、做"这几个字在普通话中的含义也是比较多的，可以用在很多搭配中。所以"物"用作动词时，其词义非常广泛，使用的方法也很多，几乎可以说是一个万能动词。

（二）"物"字反映出的潮汕方言特征

从"物"作动词的使用方式可以看出，潮汕方言中的"物"几乎是一个万能动词，除了表示"搞、弄、干、做"等这些较含糊的词义，还可以根据实际使用的环境变化具体词义，组合形式多样，没有特别严格的规定。因此也说明了潮汕方言具有口语化的特点，"物"这个字就是比较典型的代表，但现在书面语中一般不会这样用。潮汕方言的书面语受普通话的影响很大，根据普通话的用词还形成新的读音，更规范化。当地的新闻节目也会使用这种"规范化"的潮汕方言来播报。有的老潮汕人还是喜欢在非正式场合如和亲友发微信和短信时使用"口语化"的"方言文字"和语序，如"者人是会厚道个"（这人看起来是个厚道人）。这样的"方言文字"并不规范，因为潮汕方言中保留了许多古音和地方演变出来的发音，很多代表这些发音的文字都已不再使用，甚至有些发音根本没有文字可表达，每个发音也没有具体规定用哪个字符来替代，所以发信息的人都是用发音相同或相近的文字来代替这些字词。这样的"方言文字"虽然不规范，但潮汕人一读就能明白，可不会说潮汕方言的人就很难看懂。因此，潮汕方言最大的特征就是"口语化"。

　　方言是民族文化独特的传承形式，每种方言都是独一无二的，历经千年的传承，方言中蕴含着这个民族丰厚的文化底蕴。随着互联网时代的到来和劳动力的转移，虽然保留着方言，但很多地方，特别是外来人口多的枢纽城市，为了方便沟通，都把普通话作为通用语。以汕头市为例，作为一个特区城市，汕头市当地的官话依然是汕头话，这也说明当地人对自身方言的认可程度很高，即使市区里几乎所有人都会说普通话，大部分年轻人也都会说粤语，走在街头小巷，你能听到的大部分仍然是潮汕方言，除非当地人发现沟通的对象不会讲潮汕方言才会转用普通话或者粤语跟其沟通。语言是带有民族情感的，潮汕人的潮汕话就是他们对潮汕文化的忠诚和他们的潮汕情怀，还是潮汕风俗文化的历史凝练。

　　总的来说，潮汕方言中的多义词，有些词义与普通话相同，使用方法也相同；有些词义与普通话相同，但使用方法不同；有些词义沿用了该词的古义，有一部分在普通话当中仍在使用，有一部分在普通话当中已不再使用，但在潮汕方言当中仍然使用；根据原有的词义和潮汕的地域文化特点，潮汕方言还演变出或者新出现了一些原本没有的词义。通过解析这些具有地域文化特点的方言词义，我们能看出潮汕地区的历史，以及潮汕人的喜好和生活方式。例如，"食"作动词时，根据"吃"的原有含义，不仅能广泛地引申出"喝""吸""服用"等含义，还能根据和"吃"相关的联想演变出"活""保养""医治""油漆""结合""挪移"等含义，体现了潮汕人对"吃"

的在乎程度，并将潮汕的饮食文化贯穿到生活的方方面面。又如，"薄"和"厚"能演变成为形容茶浓、淡的专用词，说明潮汕人的饮茶文化对当地的语言也产生了深远的影响。"物"作为方言词演变成少见的"万能动词"，表明发展至今的潮汕方言具有"口语化"的特征，也反映出普通话对方言使用的影响。在当今时代，世界的差异在逐渐减小，语言作为文化的载体，承载着一个族群在长期的历史过程中积累的大量文化信息。精明能干的潮汕人成功地让新旧融合，不仅使历史和现代和谐共处，而且形成当地独具一格的文化风俗和生活方式。

参考文献

［1］白宛如．广州方言词典［M］．南京：江苏教育出版社，1998.

［2］才娟．绥化市牌匾用语的调查与研究［D］．哈尔滨：黑龙江大学，2012.

［3］曹国军．关于"埋单"与"买单"［J］．修辞学习，2005（1）：78-79.

［4］陈焕良．利用潮汕方言掌握古今词义的异同［J］．汕头大学学报，1998（2）：89-94.

［5］陈妹金．当代中国商号命名的问题与对策［J］．语言文字应用，1995（2）：6.

［6］陈松岑．语言变异研究［M］．广州：广东教育出版社，1999.

［7］陈瑶．网络直播弹幕中的参与式传播研究［J］．新媒体研究，2021，7（19）：56-58.

［8］陈原．社会语言学［M］．北京：商务印书馆，2004.

［9］陈泽如．潮汕方言研究综述［J］．现代语文（语言研究版），2016（8）：11-13.

［10］戴庆厦．社会语言学概论［M］．北京：商务印书馆，2004.

［11］邓钧．开平方音字典（普通话对照）［M］．南宁：广西民族出版

社，2003.

［12］邓思颖. 粤语句末"住"和框式虚词结构［J］. 中国语文，2009（3）：234-240+288.

［13］丁崇明. 语言变异的部分原因及变异种类［J］. 北京师范大学学报（人文社会科学版），2000（6）：117-121.

［14］丁声树，李荣. 汉语方言调查简表［M］. 北京：中国科学院语言研究所，1956.

［15］丁亚南. 河南地方志亲属称谓研究［D］. 开封：河南大学，2013.

［16］费尔迪南·德·索绪尔. 普通语言学教程［M］. 高名凯，译. 北京：商务印书馆，1980.

［17］冯立. 粉丝群体网络用语初探［J］. 文学教育（中），2012（4）：51.

［18］高岩. 基于语言学理论的网络语言应用研究［M］. 哈尔滨：哈尔滨工业大学出版社，2014.

［19］郭熙. 中国社会语言学（增订本）［M］. 杭州：浙江大学出版社，2004.

［20］郭先珍. 店名的社会文化属性［J］. 语文建设，1996（4）：4.

［21］郝吉环. 网络传播中的语言变异解析［J］. 新疆教育学院学报，2003（4）：70-72.

［22］何蔚，田秀蓉. "埋单"与"买单"及其根源初探［J］. 文学教育（上），2014（1）：129.

［23］亨利·詹金斯. 文本盗猎者——电视粉丝与参与式文化［M］. 郑熙青，译. 北京：北京大学出版社，2016.

［24］侯精一. 亲属称谓词的变读［J］. 中国语文，1985（5）：124.

［25］侯精一. 现代汉语方言概论［M］. 上海：上海教育出版社，2002.

［26］侯敏，杨尔弘. 中国语言监测研究十年［J］. 语言文字应用，2015

（3）：12-21.

　　［27］胡疆锋．亚文化的风格：抵抗与收编：伯明翰学派青年亚文化理论研究［D］．北京：首都师范大学，2007.

　　［28］胡士云．汉语亲属称谓研究［M］．北京：商务印书馆，2007.

　　［29］黄剑云．台山方言：广州话普通话对照［M］．广州：中山大学出版社，1990.

　　［30］黄俊．普通话—粤方言徒手动词语义系统比较研究［D］．贵阳：贵州师范大学，2017.

　　［31］吉益民．网络变异语言现象的认知研究［M］．南京：南京师范出版社，2012.

　　［32］江蓝生．语词探源的路径：以"埋单"为例［J］．中国语文，2010（4）：291-298+383.

　　［33］荆莉．新新人类和他们的流行语［J］．语文建设，2000（5）：10-11.

　　［34］李华．网店名称的语言调查及社会文化分析［J］．山东农业大学学报（社会科学版），2010，12（3）：103-106.

　　［35］李珂．网络化引起的语言变异现象研究［J］．湖南工业大学学报（社会科学版），2017，22（4）：107-111.

　　［36］李荣．东莞方言词典［M］．南京：江苏教育出版社，1997.

　　［37］林伦伦．广东闽方言语法特点的比较研究［J］．汕头大学学报，1993（2）：59-64.

　　［38］林伦伦．汕头方言词汇（二）［J］．方言，1991（3）：232-240.

　　［39］林伦伦．汕头方言词汇（三）［J］．方言，1991（4）：310-314.

　　［40］林秋茗．从"埋单"到"买单"：粤语模因在普通话中的复制［J］．语言教学与研究，2009（4）：91-96.

[41] 刘靖文，张挺．语言舆情监测与社会语言生活［J］．云南师范大学学报（哲学社会科学版），2011，43（1）：47-53.

[42] 刘凯．社会心理视角下的网络流行语研究［D］．长沙：湖南师范大学，2013.

[43] 刘芷彤．网络流行语的话语分析及其影响研究［D］．北京：北京邮电大学，2018.

[44] 罗常培．语言与文化［M］．北京：北京出版社，2004.

[45] 马婧．网络流行语传播属性与价值研究［D］．西安：陕西师范大学，2011.

[46] 马若男．粉丝网络用语的语言学研究［D］．上海：上海师范大学，2019.

[47] 马怡璇．《现代汉语词典》（第7版）新增词语造词法研究［D］．石家庄：河北师范大学，2019.

[48] 米微微，胡东平．弹幕语言的解构化发展［J］．新闻传播，2021（12）：20-21.

[49] 区淑仪．马来西亚华语口语常用虚词用法研究［D］．上海：上海交通大学，2013.

[50] 上海辞书出版社语文辞书编纂中心．古汉语字典（新一版）［M］．上海：上海辞书出版社，2009.

[51] 申凡，钟云．网络粉丝群体心理研究［J］．南京邮电大学学报（社会科学版），2009，11（4）：27-31.

[52] 师玉梅．社会心理对词语用字影响小议［J］．暨南大学华文学院学报，2007（1）：64-68.

[53] 史皓元，顾黔，石汝杰．汉语方言词汇调查手册［M］．北京：中华书局，2006.

［54］侍建国，卓琼妍．关于国家语言的新思考［J］．语言教学与研究，2013（1）：80-88.

［55］苏福坤．论地理环境对潮汕茶文化的影响［J］．厦门科技，2018（6）：31-33.

［56］孙雨田．"养成"系偶像的粉丝文化研究：以 TFBOYS 粉丝为个例［D］．广州：暨南大学，2016.

［57］孙玉卿．山西方言亲属称谓研究［D］．广州：暨南大学，2003.

［58］田正平，章小谦．"老师"称谓源流考［J］．浙江大学学报（人文社会科学版），2007（3）：61-67.

［59］万里．山东方言亲属称谓的语言特点及使用情况研究［D］．长沙：中南大学，2012.

［60］王力．汉语史稿［M］．北京：中华书局，2004.

［61］王力．汉语语音史［M］．北京：中国社会科学出版社，1985.

［62］王思懿．社会语言学视角下的网络流行"体"研究［D］．锦州：渤海大学，2016.

［63］王铁琨．基于语言资源理念的语言规划：以"语言资源监测研究"和"中国语言资源有声数据库建设"为例［J］．陕西师范大学学报（哲学社会科学版），2010，39（6）：58-66.

［64］王雅慧．基于词表的汉语外来词研究及教学启示［D］．北京：中央民族大学，2021.

［65］萧黎明．铜仁方言与文化研究［M］．成都：电子科技大学出版社，2013.

［66］谢建猷．南宁白话同音字汇［J］．方言，1994（4）：286-303.

［67］谢茹．"老师"称谓泛化探因［J］．语文学刊，2006（10）：147-149.

［68］徐大明．社会语言学研究［M］．上海：上海人民出版社，2007.

［69］徐大明，陶红印，谢天蔚．当代社会语言学［M］．北京：中国社会科学出版社，1997.

［70］徐思益，等．语言的接触与影响［M］．乌鲁木齐：新疆人民出版社，1997.

［71］许威汉．汉语词汇学导论［M］．北京：北京大学出版社，2008.

［72］亚当·乔伊森．网络行为心理学：虚拟世界与真实生活［M］．任衍具，魏玲，译．北京：商务印书馆，2010.

［73］严修鸿，曾俊敏，余颂辉．从方言比较看粤语"埋"的语源［J］．语言科学，2016，15（4）：422-438.

［74］扬清，王娥．"老师"称谓的泛化及其原因［J］．汉字文化，2005（2）：37-39.

［75］杨江，侯敏．论语言文字舆情信息的汇集［J］．现代语文（语言研究版），2010（7）：13-17.

［76］叶蜚声，徐通锵．语言学纲要（修订版）［M］．北京：北京大学出版社，1997.

［77］游汝杰．社会语言学教程（第三版）［M］．上海：复旦大学出版社，2023.

［78］于根元．网络语言概说［M］．北京：中国经济出版社，2001.

［79］张彩云．认知语言学视角下的网络流行词成因探析［J］．安徽文学（下半月），2017（6）：87-88.

［80］张秋云．"买单/埋单"翻译探究［J］．东方翻译，2011（6）：76-80.

［81］张廷国，郝树壮．社会语言学研究方法的理论与实践［M］．北京：北京大学出版社，2008.

［82］张挺，魏晖．互联网环境下语言文字舆情监测与实证研究［J］．语言文字应用，2011（2）：6-12．

［83］张晓丽．主流视频网站的弹幕互动仪式研究［D］．哈尔滨：黑龙江大学，2021．

［84］张晓山．新潮汕字典（第2版）［M］．广州：广东人民出版社，2015．

［85］张艳．改革开放40年英源汉语外来词的认知社会语言学研究［D］．重庆：四川外国语大学，2021．

［86］周建民，熊一民．最新网络交际用语辞典［M］．北京：中国社会科学出版社，2008．

［87］周去非．岭外代答校注［M］．杨武泉，校注．北京：中华书局，1999．

［88］周霜艳．从社会语言学视角论网络语言［D］．武汉：武汉理工大学，2003．

［89］朱跃，朱小超，鲍曼．语言与社会［M］．北京：北京大学出版社，2015．

［90］祝畹瑾．社会语言学译文集［M］．北京：北京大学出版社，1985．

［91］祝畹瑾．新编社会语言学概论［M］．北京：北京大学出版社，2013．